U0733728

别让孩子错过

0~6 岁敏感期

沈 闯 ◎ 著

中国纺织出版社

国家一级出版社
全国百佳图书出版单位

内 容 提 要

本书从儿童发展心理学的角度出发，按照孩子成长的自然规律来论述孩子发育的特点，告诉家长该如何面对孩子的成长敏感期，在日常生活中如何引导孩子。只有了解了孩子的成长敏感，家长在孩子的成长过程中才不会显得不知所措，才不会违背孩子的成长规律而做出揠苗助长的事来。

图书在版编目（CIP）数据

别让孩子错过0~6岁敏感期 / 沈闯著. —北京：中国纺织出版社，2019.5
ISBN 978-7-5180-5911-9

Ⅰ.①别… Ⅱ.①沈… Ⅲ.①学前儿童—家庭教育 Ⅳ.①G781

中国版本图书馆CIP数据核字（2019）第022342号

责任编辑：江 飞　　责任校对：寇晨晨　　责任印制：储志伟

中国纺织出版社出版发行
地址：北京市朝阳区百子湾东里A407号楼　邮政编码：100124
销售电话：010—67004422　传真：010—87155801
http：//www.c-textilep.com
E-mail：faxing@c-textilep.com
中国纺织出版社天猫旗舰店
官方微博http://weibo.com/2119887771
三河市宏盛印务有限公司印刷　各地新华书店经销
2019年5月第1版第1次印刷
开本：710×1000　1/16　印张：12
字数：120千字　定价：45.00元

凡购本书，如有缺页、倒页、脱页，由本社图书营销中心调换

前言

　　近年来，人们的教育理念发生了很大的改变。越来越多的家长成为学习型家长，他们不仅关心孩子的生理成长，也同步关心孩子的心理成长，希望能够通过学习，让自己成为合格的父母，不给孩子的成长留下遗憾。

　　提起孩子的心理成长，自然避不开6岁前的关键时期，而这些又离不开"敏感期"这个词。为人父母，恐怕没有不焦虑的时候，孩子生病了会焦虑，孩子发生了"奇怪"的状况会焦虑，孩子学习不尽如人意也会焦虑……作为一个母亲，我也是在不断的焦虑和释怀中走到了今天。

　　这本书的创作不仅为了处于成长敏感期的孩子们，也为了这些孩子的家长们。当了解了成长敏感期的一些特征之后，家长的心态就会变得轻松、平和，焦虑就会减轻，家庭就会更加和谐。例如：当孩子不断吃手的时候，家长知道这是口腔敏感期，就不会只是把孩子的手从嘴里拔出来，而是会准备磨牙饼干、安慰奶嘴或牙胶，还会给孩子更多的拥抱和抚摸；当孩子出现撕纸的行为时，家长知道这是"手的敏感期"，就不会批评孩子，取而代之的是锻炼孩子更加大胆、大量

地练习手部动作，也不会再担心孩子把衣服弄脏，不再拒绝孩子玩沙子；当孩子到处乱扔东西的时候，大人会知道这是"空间敏感期"，孩子是在发展自己的空间知觉；有一天，孩子突然说"脏话"，不用着急，这只是到了"诅咒的敏感期"，并不是孩子的品质出现了问题；当孩子近乎偏执地必须按照某种程序做事时，这只是因为到了"秩序敏感期"……

每个人生下来都有着不同的气质，虽然我们不能改变孩子的气质类型，但是我们可以在了解孩子心理成长必经过程的基础上，更加宽容、平和地和孩子一起成长。父母是孩子的第一位老师，家庭对孩子的身心健康成长的重要性远远大于学校。孩子在6岁前，一个宽容、平和、勇敢、幽默、充满爱的环境，对于孩子将来的成长非常重要。

这本书中，我将孩子从0~6岁的敏感期进行了系统的梳理，整理出了33个敏感期，分为感知觉发展敏感期、语言发展敏感期、个性和社会性发展敏感期、培养学习兴趣的敏感期，共四个部分。内容强调理论联系实际，重视实用性。适合幼儿的家长、幼儿园及早教机构的教师阅读。

从选题确定到完稿，这本书共历时一年半的时间。书里的许多例子都是我的女儿、学生或者听众的真实情况。我从2014年开始讲故事，几年间，我的故事传播到了大江南北，累计收听达上亿次，收获了全国各地小朋友的喜爱。创作这本书的时候，我从这些听众中去征集了一些事例，大家都给予了我热情的帮助和支持，给我提供了许多

有价值的信息。中国科学院心理研究所儿童心理学专业的同学们也给了我极大的支持，我经常会就一些敏感期的对待方式去和她们讨论，她们的建议每次都令我受益匪浅。

同时，我还要衷心感谢江飞编辑对我的信任，在成书的过程中给了我很大的指导和鼓励。当然，因为本人的能力有限，书中也许存在着许多不足，欢迎大家提出、讨论及指正。

人的成长是一个漫长的过程，6岁前最重要的不是技能的养成，而是美好人性的开发与启蒙，让孩子们认识到生命的尊严、价值，继而对生命建立起尊重与关爱，并形成积极进取的人生态度。如果读了这本书之后，幼儿的家长们不会因为孩子的某种改变而心惊肉跳或者暴跳如雷，而是能准确判断出孩子正处在某种敏感期，同时给孩子提供更好的心理及环境支持，那我创作这本书的目的就达到了。

也许每个孩子的天赋不同，但每个孩子都是独特的、珍贵的，为了让我们的宝贝和我们自己都能在平和、尊重、充满爱的空间中成长、生活，我们一起努力吧！在和煦的阳光下，轻盈的微风中，让我们拉着孩子的手，一起快乐、自信地前行！

沈 闯

2018年10月

目录

第一章

什么是敏感期

　　身为父母，都希望自己的宝贝能够健康苗壮地成长，只要发现一点"异样"都会忐忑不安。经常会有家长向我提出一些问题，这些问题的最后都会出现几个字——"正常吗？"

　　比如：

　　"我的孩子4岁了，最近总是喜欢到处扔东西，这正常吗？"

　　"最近孩子总是特别固执，非按照一定的顺序来做事情，例如，必须先喝奶才能吃饭，如果不同意，就大发脾气，这正常吗？"

　　"我的宝贝最近开始说一些脏话，还喜欢骂人了，怎么回事啊？正常吗？"

　　……

　　时间一长就会发现，许多家长的问题都有一个共性，即大人眼中孩子的表现"不正常"，让家长们感到迷茫和束手无策。一般情况下，我会跟家长们解释：孩子出现这种现象是很正常的，因为孩子正处在某个敏感期。此时，家长们都会长长舒一口气。

　　我想，孩子在成长过程中遇到的这些问题，不仅是这些家长关心的，也是其他家长一直在关注的重点。那么，孩子的成长敏感期到底是什么？我们到底该如何做才能更好地陪伴孩子度过这些敏感期呢？

什么是敏感期

儿童的敏感期是意大利第一位女医学博士玛利亚·蒙台梭利（Maria Montessori，1870—1952）最先提出的。她发现：在不同发展阶段的0~6岁的孩子对某种事物或活动会特别敏感，或者产生一种特殊的兴趣和爱好。这期间，儿童受内在生命力的驱使，在某个时间段内，专心吸收环境中某一事物，并不断重复实践。大脑的结构或功能对特定的外部刺激非常敏感，这期间，大脑特别容易接受经验的影响，以促进大脑结构与功能的发展，所以孩子学习某种本领会特别容易且迅速，是教育的最好时机，她把这一阶段称为"敏感期"。她认为，敏感期是很宝贵的黄金时间，是孩子心理发展的重要阶段。

扫一扫，听语音！

敏感期的特点

敏感期有以下特点：

1. 有一定的时间阶段性

敏感期的时间段大多数是从孩子出生到6岁。蒙台梭利通过不断的观察发现大多数的敏感期如语言、空间、秩序等敏感期都是在孩子6岁之前。蒙台梭利认为6岁之前儿童的心灵充满活力，可以说具备一种神奇的力量，如果充分激发这种力量，其形成的品质、经验等会令孩子终生受益。

2. 敏感期内，孩子对相关内容都充满了热情，乐此不疲

家长们会发现，孩子在执着地吃手，会不断地爬高、跳下，爬高、跳下，相同的动作不停地重复，还兴趣盎然，不知疲惫。他们总是不断地练习，在练习的过程中，他们的眼睛里充满了兴奋的光芒，浑身的每个细胞都充满了热情与快乐。他们不怕失败，不断重复和尝试。他们充满激情，随时不断地观察、学习、创造和演练。

3. 如果不能够满足他们的敏感期需求，孩子会发脾气，不断哭闹

孩子爱扔东西，刚收拾好的玩具，又被扔得乱七八糟，不让他

弄，孩子就哭闹、发脾气。对于某种秩序的执着过于顽固，不按照秩序进行就呼天喊地。一直乖巧的孩子，为什么会如此执拗呢？是被宠坏了吗？这期间，孩子受到内在生命力的驱使，需要他们完成某种成长，所以他们就需要不断地重复一些成长发育所需的动作。这时，家长如果不能够满足他们，孩子的心里就会非常难受，如果强行压制下去，孩子就不能顺利度过这段敏感期了。

我们常说，教育孩子要从"接纳"开始。因为只有真正接纳了孩子，了解了孩子，我们才能冷静对待他们的某些"错误"及"不足"，才能心平气和，充满爱地引导孩子。孩子在良好的情绪氛围下，不会紧张，自信心不会受到打击，才能够更加健康地成长。

"接纳"这个词，说起来容易，做起来难。我们往往对于孩子的一些表现无法做到心平气和地接纳，当家长的忍耐达到极限的时候，就会制造一阵暴风骤雨，无疑，这对孩子的成长是不利的。

一个妈妈曾经因为孩子朗诵作业完成得不好，感到十分崩溃，便在微信里跟我说："真没想到这是我生出的孩子"。那天晚上，她表现得极为忧虑。经过沟通，知道孩子在课后的第四天录制作业，而这期间，孩子没有进行过任何背诵，只是录制视频前读了几遍。我告诉这位家长，在没有复习的情况下，几乎没有孩子能够背下来的。这不是孩子的问题，而是学习方法不得当的问题。沟通之后，家长平和下来，认识到了方法的错误，心里也就轻松、释怀了许多。这位家长了解了孩子背不下来的原因，这原因不是孩子笨和不努力，而是学习方

法不对，所以就平和下来，跟孩子一起把问题解决了。

同样的，孩子在敏感期，也会出现一些不可理喻或者让人大为恼火的情况，这个时候，如果家长不了解这是某个敏感期的表现，可能就会和孩子对着干，让孩子服从家长认为的正确指令，这就会阻碍孩子的心理发展。

因此，了解敏感期的相关知识，对于家长及教师都具有重要的意义。

第二章

感知觉发展敏感期

感知觉就是人脑对当前作用于感觉器官的客观事物的反映。人们通过五感，也就是视觉、听觉、嗅觉、味觉和触觉来感知外部世界的形状、色彩、声音、气味、味道等。打个比方，感知觉是通道，这个通道将外部世界和大脑连接起来，如果这个通道出了问题，或者没有被很好地开通的话，那么幼儿的成长就会受到一定的影响。

婴儿的感知觉发展得很快，从而保证了其能够对周围环境快速地适应，并获得最初的经验。感知觉对儿童的心理发展有着举足轻重的作用，没有通道提供信息，就不会有记忆、思维、语言、想象等的存在。

有人对黎巴嫩的一家孤儿院的孤儿做过观察研究：第一年，这些新生的孤儿只是待在童车里，他们不会受冻挨饿，但是他们很少得到看护者的互动和关心，很少得到丰富的感知觉上的刺激，结果这些1~6岁孩子的平均智力只有53。后来，许多孩子被收养，2岁以前被收养的儿童的智力情况得到了很好的改善，两年内平均智力达到了100。所以说，先期的感知觉的发展，对于儿童的心理及智力水平都有着非凡的意义，保证儿童感知觉通道的畅通是非常重要的。

1. 视觉敏感期：0~2.5岁

眼睛是心灵的窗口

"明眸善睐""一双瞳仁剪秋水"这些都是描写眼睛的诗句。在人的五感，即视觉、听觉、触觉、嗅觉和味觉之中，视觉是利用得最多的，眼睛被认为是最活跃、最重要的感官。新生儿收集信息的渠道主要是通过眼睛，可以说除了睡觉，他们一直睁着一双清澈的眼睛在观察环境。"眼睛是心灵的窗口"，新生儿通过眼睛来感知这个世界，视觉为他们提供了大量重要的信息。

扫一扫，听语音!

一次，我收到一位儿童心理学专业的女同学发来的视频，视频里是她1个月的儿子在看黑白卡片，小宝贝随着卡片左右移动着自己的小脑袋瓜儿，甚是可爱!

我的这位同学是位典型的学习型家长，有了一胎的经验，这次她做足了各种准备来迎接二胎。孩子满月就给他看各种黑白卡片，她还准备了许多色彩鲜艳的玩具。

另一位朋友则和我分享了1个月大的宝宝对光亮的敏感。到了该

睡觉的时候，抱宝宝进入比较黑暗的房间时，宝宝就会哭泣，而抱到比较明亮的地方，孩子就能很快恢复平静。有的时候看孩子要睡着了，但轻轻关掉灯的瞬间，孩子又会开始哭泣。

上面的两个宝宝为什么会对卡片和光亮有那些反应呢？

敏感期解读

婴儿在刚刚出生时，视网膜、杆体细胞和锥体细胞就已经发育得很好了，只是因为内眼肌协调能力较差，从而导致双眼协调上比较困难，不能视觉集中。到了3周以后，婴儿的视觉就可以慢慢集中了，而这个时候他们对黑白颜色比较敏感。

0~3个月的孩子对光比较敏感，光亮会给他们安全感，黑暗会让他们哭泣。这期间，家长白天要拉开窗帘，晚上要关灯睡觉，让孩子适应光线的变化及光明和黑暗的交替。

出生2个月后，婴儿会对色彩鲜亮的物体、人脸产生浓厚的兴趣，而且开始喜欢看水平方向缓慢移动的物体。

3个月的时候，婴儿的眼睛可以随着圆周运动的物体而转动。

许多学者认为，在视觉敏感期正常的视觉环境如果受到影响的话，会容易引发弱视。

刚出生的宝宝不会说话，不能自如行动，视觉是他们接受外界信息的重要途径，所以，家长应该根据孩子的发育规律，培养孩子的视觉能力，以促进孩子认知能力的发展。

营造科学的视觉环境

0~2.5岁的幼儿处于视觉敏感期，在这期间家长需要结合视觉的发育特点给孩子营造科学的视觉环境。

1. 让色彩点亮孩子的双眸

在和家长的沟通中，很多家长会提出这样的问题：孩子什么时候看黑白色的图形？什么时候看彩色的图形？

孩子出生后，视觉有一个发展的过程。1个月左右的时候，他们还不能识别彩色，只对黑白色比较敏感，就像我那位同学一样，这期间，给孩子看各种黑白颜色的物体，如黑白卡片。

到了3个月以后，婴儿开始能够识别彩色。有研究表明，他们比较喜欢波长较长的暖色，即红色、橙色、黄色，他们对这三种颜色的喜爱大大高于波长较短的冷色，如蓝色、紫色。

他们喜欢明亮的颜色。有人做了一个实验，把红色的球和灰色的球放在婴儿的面前，婴儿注视红色球的时间要比注视灰色球的时间长。所以，这个时候，家长可以多为孩子选择暖色调的衣服、玩具等。

2. 充满爱的注视

黑思等人（Haith，Bergman & Moore，1977）发现5~7周时，婴儿会将视觉注意力集中到人脸的边缘，7周后则更多关注人的眼睛。而许多研究也表明，母亲提供刺激的多样性与婴儿的认知水平发展是呈

正相关的，母亲和孩子的目光接触及微笑的数量都对婴儿视力的发展起到重要的作用。

所以，家长在孩子视觉敏感期应该多用丰富的表情和自己的孩子做游戏。

父母内心充满着对孩子的爱，用充满爱的眼睛来注视孩子清澈的双眸，在这个过程中，孩子除了能够模仿大人的表情、神态之外，还能感受到父母浓浓的爱意。父母可以做出各种惊讶、皱眉、微笑等表情，表情可以夸张一些。此时父母和婴儿之间的表情会互相模仿，这种模仿也能促进婴儿认知水平的发展。

3. 带孩子感受运动物体的魅力

2个月后的婴儿开始偏爱运动物体，这是人类为适应环境而发展的一种特有功能，因为运动的物体可能带有某种危险性。并且，运动的物体更容易使婴儿感知到物体的统一特征。我们看到许多婴儿床上会挂着可以动的风铃等玩具，孩子躺在床上，眼睛会随着玩具的晃动而移动，这些可以很好地锻炼婴儿的追视能力。家长在这段期间要多让孩子观看运动状态的物体，比如，扔小皮球、滑动小汽车等。

2.听觉敏感期：0~2.5岁

需要绝对安静吗

通常我们形容一个人聪明会用到一个词——耳聪目明，看来一个人的智力和视力、听力息息相关。除了视觉，听觉也对人接收外界信息、认知生存的环境等起着至关重要的作用。孩子从小的生活空间，不能是绝对的安静，家长应该给孩子提供丰富且优美的听力资源。

扫一扫，听语音!

听觉和语言能力息息相关。

小丽已经上二年级了，可是她的发音却含混不清，就像是有着很严重的外地口音一样。妈妈为这件事感到非常头疼，带小丽去医院检查，结果是听力和脑发育都正常，可是孩子的发音就是比较奇怪，而且语言学习方面也比别的孩子慢一些。例如，教小丽一句话——"今天我们给大家表演一个节目，节目的名字是……"，这样的话，小丽也要比其他孩子多学很多遍才能说出来。

与老师和小丽妈妈沟通后，我了解了一部分原因。原来，小丽出生后妈妈比较忙，经常让保姆或者爷爷奶奶带孩子，保姆也是经常

换，老人也很少与小丽进行语言上的沟通，只是保证孩子的温饱而已。也就是说，在孩子的听觉敏感期，孩子的世界过于安静了，从而导致她的语言能力要比其他孩子弱许多。

敏感期解读

听觉是人类非常重要的感觉通道，人类通过听觉可以辨别各种声音、接受口语信息、欣赏音乐等。听觉是儿童学习口语不可或缺的条件，即使听觉器官正常，如果在小时候听不到别人说话，或者很少听到别人说话，儿童的语言能力也会有很大的缺失。

下面，我们来看看婴儿听觉的发展过程：

6个月以上的胎儿已经具备听力。

1~2个月的婴儿偏爱乐音（有规律并且和谐的声音），不喜欢噪声，喜欢人说话的声音，尤其是母亲的声音。

2个月以上的婴儿喜欢旋律优美舒缓的音乐（不喜欢强烈而紧张的音乐）。

7~8个月的幼儿能伴随音乐节拍而舞动身躯，对成人柔和的语调会发出微笑。

提高听力的训练方法

掌握了这些科学的原理之后，我们来谈一谈行之有效的在敏感期提高孩子听力的训练方法。因为虽然儿童在听觉上有一些区别，但是

听力是可以通过训练而提高的。

1. 在怀孕6个月之后尽量不要陷入嘈杂的环境

孕期满6个月，胎儿的听力系统已经组建。

婴儿1~2个月的时候，给孩子听一些轻柔的音乐，减少噪声的干扰，这里说的噪声主要是15~35分贝，给孩子创造一个轻柔、丰富但少噪声的听觉世界。

2. 母亲经常用温柔、愉快的声音和孩子交流

给孩子喂奶的时候，可以和孩子愉快地"聊天"；抱孩子的时候，给孩子讲解身边的景物，如"宝贝，来，咱们到阳台看看花花草草好不好？"不要因为孩子还无法用语言沟通而不和孩子说话，要知道，母亲轻柔、愉快的声音对新生儿听力的发育十分有利。

3. 做一些有趣的听力游戏来提高儿童的听觉记忆能力和听觉辨别能力

比如，对于小婴儿，家长可以准备一些轻柔的小铃铛，然后分别在婴儿的头部左边或右边晃动小铃铛，婴儿会转过头来找铃铛，这样既锻炼了婴儿的听力，也加强了婴儿扭动头部动作的练习。

对于大一些的孩子，可以让孩子闭上眼睛，爸爸妈妈或者爷爷奶奶喊孩子的名字，然后让孩子闭着眼睛指出声音传自哪个方位，并且说出是谁在喊他。

4. 严防中耳炎

中耳炎是儿童听力的杀手。

儿童的耳道短，很容易患上中耳炎，所以家长一定要注意预防中耳炎的发生，当孩子耳朵出现疼痛的情况时，一定要及早就医。

3. 口腔敏感期：0~2.5岁

什么东西都要尝一尝

有一个视频令人忍俊不禁，两个1~2个月的婴儿一起躺着，小手小脚不停地动着，其中一个宝贝的小脚就凑到了另一个宝贝的小嘴边，那个宝贝感觉到了小脚，就一偏头开始用小嘴巴啃着误闯到自己嘴边的小脚丫，那样子，简直可爱极了。

2岁的雷雷正在玩着手中的积木，妈妈在一旁陪着，一眼没注意到，雷雷就把积木送到了嘴里，妈妈连忙让雷雷把积木从嘴里拿出来，告诉他这是不卫生的。可是过了一会儿，雷雷又发现了掉在地上的贴画，他弯腰把贴画捡起来，然后就往嘴里送，妈妈眼疾手快地把贴画抢了下来。这些倒不是最担心的，妈妈最担心的是家里有遗留的小纽扣、硬币之类的东西，因为雷雷也会把这些东西放到自己的嘴里。

爱吃手的东东

5个月大的东东总喜欢把自己的小手放到嘴里，妈妈每次帮他

扫一扫，听语音!

把手从嘴里拉出来，他又放进去。一开始以为他饿了，就给他喂奶喝，后来发现吃饱了的东东仍然把小手放到嘴里去吮吸。到晚上睡觉的时候，东东的小嘴把手吮吸得啪啪响，妈妈还经常被他吃手的声音吵醒。

蓉蓉是个1岁的可爱女宝，最近家人为了改掉她吃手的习惯而大费脑筋。爸爸妈妈觉得吃手不卫生，就总不让她吃手，每次都和颜悦色地把她的手从嘴里拉出来，可是她很快又把手塞进去。最近蓉蓉自己的手都已经被吃出茧子了，家长用了安抚奶嘴和牙胶，结果都没什么效果，直到现在也没有什么好办法让蓉蓉改掉吃手的习惯。

敏感期解读

口唇敏感期一般在孩子出生到2岁半期间，这期间孩子喜欢用口腔去探索世界，并且通过口腔的吸吮、咀嚼等活动来获得安全感、信任感等心灵的愉悦。

先期，婴儿通过口腔探索、手的探索来完成触觉的探索。而这两种探索也是有先后顺序的，最初是开始口腔探索活动，之后才开始进行手的探索活动。在手的探索活动出现之前，幼儿都是通过口腔来感受和认识环境的，所以他们会把东西送到嘴里去感受。当手的触觉探索出现之后，口腔的探索活动还要维持一段时间，随着年龄的增长，口腔探索相较于手的探索会渐渐退而居其次，直至最后消失。

奥地利心理学家弗洛伊德曾经提出0~1岁是人的口唇期，在这个

期间婴儿通过口唇的吮吸、咀嚼等活动来获得心灵的快感。如果这个期间得不到这种口唇满足的话，就会形成贪吃、抽烟、酗酒、过于依赖、总希望被别人照顾的性格。

美国著名的精神分析理论家埃里克森提出，从出生到2岁这段期间，婴儿会发展信任感，克服不信任感。如果婴儿的生理需要得不到满足，就会对周围环境产生一种不信任感，也就是怀疑感。

如何顺利度过口腔敏感期

1. 允许孩子用口腔去探索世界

孩子需要用口腔去探索世界，并且他们也需要通过口腔来获得心灵的安全感，家长不要去限制这种行为，而是要考虑如何让孩子安全地进行口腔的探索。可以给孩子准备安抚奶嘴和牙胶，同时要选择优质玩具，以确保材质是安全、环保的。

2. 不给儿童过小的、可以完全放入口中的物体或玩具玩

我的表弟在很小的时候曾经把硬币误吞进嗓子，导致无法呼吸，脸都憋得通红。情急之下，姑母把手伸进表弟的咽喉，硬生生把硬币抠出，才得以脱险，这件事情现在提起来，姑母还心有余悸。孩子小，不知道什么东西安全、什么东西危险，他们会把自己感兴趣的东西放到嘴里去认知和感受，所以诸如小珠子、硬币等物品是千万不能给这个期间的孩子玩的。

3. 给孩子充分的关注和爱的滋养

这个期间是孩子建立信任感的重要阶段，妈妈平时要多陪伴孩子，给孩子更多的关爱，多拥抱和抚摸孩子，让孩子获得充分的爱的滋养和心灵的信任及安全感。

4. 适当转移注意力

上面提到的吃手的例子，强加干涉一般效果并不明显，可以用转移注意力的方式。家长可以给孩子买一些手能够很好控制的玩具，如拨浪鼓、捏响玩具等，或者一些优良材质的小娃娃；家长也可以和孩子做一些手部游戏，如伴随着音乐拍手或者传递玩具等。

总之，孩子在口腔敏感期用嘴吃手及吃其他的东西都是很正常的现象，反倒是如果孩子不这么做倒是令人担心的。

4. 味觉敏感期：4~12个月

让宝宝不挑食的关键期

女儿5岁的时候，还不怎么认识字。逛超市的时候，我答应给女儿买一种她喜欢吃的零食，她选了糖果。回到家，正好有小朋友来家里做客，她们就一起分享糖果，并规定一个人只可以吃一个。我听到她们说："这个是草莓味儿的，这个是哈密瓜味儿的。""我喜欢吃草莓的，给你吃哈密瓜的。""不，我也要吃草莓的。"

扫一扫，听语音!

我惊讶于她们对糖果味道的熟知，孩子们都不识字估计不是看的字，我问她们怎么知道是什么味道的。孩子们奶声奶气地告诉我："以前吃过啊，知道是什么味道，就记住包装的样子了。"

我有一个女学生，身材瘦小，我经常能听到她妈妈问她要吃什么。

妈妈："中午想吃什么？"

宝贝："我不知道。"

妈妈："咱们出去吃包子，好不好？"

宝贝："不想吃。"

妈妈："那做蛋炒饭？"

宝贝："……"

妈妈问得非常耐心，小家伙也一本正经地思考，商量了半天貌似好多东西都不是很喜欢吃。怪不得小家伙这么瘦，原来是比较偏食。

敏感期解读

味觉是新生儿出生的时候最发达的感觉了，味觉感受器在胚胎三个月的时候就开始发育，一朝分娩的时候，婴儿的味觉已经发育得很好了。只不过他们因为身体的限制还不能吃其他的东西。刚出生的宝宝可以对酸、甜、苦、辣等基本的味觉产生反应。有人做过实验，出生2个月内的婴儿就可以对水、甜水、酸水的味道形成条件反射。

我们常常看到有的孩子非常挑食，这个不吃那个不吃，太挑食的话，必定导致营养摄入的不均衡，对身体的健康发展也不利。那么，孩子为什么会挑食呢？很大程度上是因为孩子在味觉敏感期没有尝过这些味道，对一些味道不熟悉，从而产生抗拒心理。在味觉敏感期，幼儿的味觉更加敏感，这个时候，家长可以多让孩子接触各种各样的味道，当然是保证不过敏的前提下。每次只给一点点，但给的种类要多，在这个期间尝试过的味道，孩子以后一般就不会排斥，这样偏食的概率就越来越小了。

辅食的添加

给孩子添加辅食是人生中的一件大事，因为日后孩子的饮食习惯和添加辅食的情况息息相关。

我和妈妈们讨论辅食添加的情况时，大家都有很多经验分享，看来辅食添加是妈妈们都很重视的话题。

1. 我们要弄清楚为什么要添加辅食

添加辅食的首要目的当然是为了孩子的营养均衡，孩子长到4~6个月的时候，许多母亲奶水的数量和营养已经不能够完全满足孩子的生长，所以需要添加辅食。还有一个目的就是让孩子适应更多的味道，孩子这段期间属于味觉的敏感期，他们本身还不知道自己喜欢或者厌恶哪些味道，所以可以让孩子多品尝一些食物。记住，食物的数量一定要少。如果孩子表示拒绝食物，就不要勉强。

2. 添加辅食的适合时间

有人认为孩子4~6个月时添加辅食比较好，因为这个时期很多孩子在生理上已经可以接受辅食了。有的人认为必须从6个月开始。这点我收集了许多妈妈的意见，其中有许多孩子是从4个月开始加的辅食，大多数也没有产生一些不良后果。这样看来，辅食添加的时间还是因人而异的。

当然，家长在给孩子添加辅食前，需要了解添加辅食要具备的条件：

孩子的体重已经达到了出生时的2倍以上，一天喂8~10次奶，但孩子还是表示肚子饿。

孩子已经开始对大人的饭菜产生兴趣，他们有的会在大人吃饭的时候流下口水。挺舌反射消失，不再用小舌头顶出送入口中的小勺或食物。

孩子可以被扶着坐了，能够有意识地将手或玩具放入口中等，这些现象都说明孩子的身体发育已经到了一定的阶段，可以考虑添加辅食了。

3. 添加辅食的顺序

很多家庭是从鸡蛋黄开始，但是要指出的是，这是错误的。因为鸡蛋黄虽然包含许多营养元素，但是对于婴儿的需求还是不够的，并且蛋黄也有引起孩子过敏的危险。

添加辅食的顺序应该是：五谷、水果、蔬菜泥、肉、蛋。肉蛋类可按以下顺序给予：鱼、蛋黄、鸡肉、猪肉、蛋清，肉及蛋清易产生过敏反应，添加时应多加注意。

4. 进食量

有的家长会觉得孩子吃了这么多，值得表扬，心里非常高兴。有的家长每天要记录孩子的饮食和克数。其实，孩子吃多吃少也和孩子的状态有关，可能今天吃得多一些，明天就吃得少一些，这些不用太纠结。一般情况下，孩子的进食开始要少一些，接着观察宝宝的便便，看消化得如何，然后再渐渐增大量。

5. 辅食过敏有以下症状，妈妈们一定要细心

如果发现孩子身上发红或者出现了湿疹，这可能是孩子有些过敏的反应，这时家长需要立即停止该种辅食的添加。

添加辅食后，孩子会出现排便间隔变长，排便次数减少等现象，这都是正常的。随着辅食的添加，大多数孩子都会出现这种情况，只要不是间隔时间过长就没什么问题。

如果排便间隔时间过长，就需要暂停该种辅食的添加，多给孩子喝水，等好转后再进行尝试。

总之，添加辅食的核心是由少到多，由稀到稠，添加时要留意观察宝宝的情绪及大便情况。如果孩子爱哭闹了，大便情况也不好了，就需要停一停正在喂食的辅食。添加辅食是循序渐进的，一种食物观察3天左右，如果孩子不吃或者消化不良，就缓一缓，如果孩子耐受良好就代表成功了。

5. 嗅觉敏感期：0~1岁左右

嗅觉发育的特征

7个月的小宝这几天晚上睡觉的时候总是哭闹，不是饿了，也不是病了，就是哭闹。家里大人都是一头雾水，找不到小宝哭闹的原因。奇怪的是，妈妈抱着小宝来回走的时候，小宝的情绪就会缓和，可是一放到床上，盖上被子，小宝又开始哭闹。左思右想之后，妈妈想到一个办法，一试还真灵，小宝恢复了平静，不再哭闹了。原来小宝一直盖着的小被子被妈妈换掉了，把小被子拿回来给盖上之后，小宝就恢复了平静。

扫一扫，听语音!

敏感期解读

新生儿出生一天之内就会有嗅觉反应。新生儿依靠嗅觉闻到了乳汁的香味，从而找到妈妈的乳房。

有研究者对刚出生的婴儿进行过嗅觉能力的实验。将婴儿母亲的胸罩和另一位女性的胸罩各放在婴儿头部的两侧，前几天，婴儿侧转头的次数几乎相同，但从第6天开始，婴儿经常把头转向母亲胸罩那

一侧。这说明出生后一周的婴儿就具有了辨别气味的能力，并且可以根据气味来调节自己的行为。

2个月后，婴儿对刺激的气味就会产生排斥反应。

3个月后，嗅觉不断发育，嗅觉功能稳定下来，喜欢的气味想亲近，讨厌的气味想避开。嗅觉是宝宝区分熟人和陌生人的方法。如果有的气味令宝宝害怕，宝宝就会表现出烦躁不安及哭闹。

10个月左右时，嗅觉会帮助宝宝判断自己喜欢的食物。

之后，嗅觉发育日趋成熟。

婴幼儿可以通过熟悉的气味而获得安全感，前面提到的小宝的例子，就是因为小宝闻不到熟悉的味道，心里没有安全感，所以才会哭闹。

妈妈要做的

1. 多拥抱、抚摸孩子

孩子非常喜欢妈妈身上的味道，这能给孩子带来很大的安全感。所以，妈妈尽量多待在孩子身边，多抚摸孩子的身体，多抱抱孩子。这种"肌肤之亲"从触觉到嗅觉都可以让孩子感觉到安全和温暖，从而促进孩子的正常身体和心理发育。

2. 与浓郁的香水说再见

过于刺激的气味，对婴儿的嗅觉发育不利，所以有了宝宝之后，那些浓郁的香水就可以暂时说再见了。可以束之高阁，也可以

送给朋友。

3. 带上孩子的"好朋友"

去陌生的地方时，带上孩子最喜欢的娃娃或者常用的小毯子，孩子可以通过这些熟悉的味道来避免不安和紧张，获得安全感。很多绘本故事都讲述了"小毯子"的魔力，如《弗洛拉的小毯子》《阿文的小毯子》《我喜欢我的小毯子》等。

女儿在1岁的时候从表姐那里得到了一条大大的白色的连衣裙，她非常喜欢，经常穿在身上。后来到了3岁多，那条白色的裙子已经非常旧了，很多污渍已经洗不掉了，但它仍然是女儿最爱的裙子。几次我想扔掉的时候，女儿都表示反对。我想在孩子的心里，这条裙子一定给她留下了很美好的记忆和感觉。

细想，孩子自出生以来，生活的环境里有各种禁忌和限制，他们要不停地适应身体及环境的变化，小宝宝更需要一种通过感觉器官能够感受到的，具有稳定性和连续性的感觉来平衡因变换环境等因素而引起的不安。这就是"小毯子"具有安抚魔力的原因了。

4. 让宝宝的嗅觉也到处走走

家长要经常带宝宝去感受各种新的气味，呼吸新鲜空气，感受大自然的气息。用嗅觉感受树木的挺拔、水的清灵、鲜花的芬芳。给孩子准备各种不同的食物，除了味觉，让嗅觉也感受到各种食物的魅力及不同。

6. 肛门敏感期：1~3岁

我的便便我做主

扫一扫，听语音!

妈妈发现2岁的明明最近有些不听话了。

妈妈问明明："宝贝，要不要嘘嘘？"

明明回答："不！"然后，低头继续玩自己的游戏。

过了一会儿，妈妈又说："明明，去嘘嘘吧，该嘘嘘了。"

明明又说："我不，不嘘嘘。"

然后明明在地上继续玩儿，可没过多长时间他就站在地上嘘嘘了，把裤子都尿湿了，还尿了一地板。妈妈连忙给明明换裤子。妈妈一边换，一边说："刚才让你嘘嘘，你不干，这怎么还尿裤子了啊！"

2岁8个月的红红很让家人着急，她总是频繁地小便。一会儿就要去一趟厕所，有的时候一小时要去4~5趟卫生间。家人担心红红的肾脏出了问题，就带她去医院检查，可是检查结果都正常。

2岁10个月的天天最近经常憋小便、大便，总是憋得来回摆动双腿也不去卫生间，好几次都拉到或者尿到了裤子里。后来，家人一看

到天天夹着双腿，来回摆动，就知道天天又在憋着了，就赶快让天天去卫生间排便。每次让天天去卫生间，他好像还不是很情愿。天天每次便便后，还会撅着小屁屁仔细看看自己的便便，看看是什么形状，弄得家人哭笑不得。

敏感期解读

明明、红红和天天的表现既不是故意捣乱，也不是身体出现了问题，而是宝宝们成长到了人生的一个敏感期，这个敏感期叫作肛门敏感期。

肛门期是弗洛伊德提出的理论，弗洛伊德认为1~3岁是肛门期，这个年龄段的儿童可以自行控制排便，肛门和尿道括约肌的收缩和放松可以给孩子带来快感，因而儿童会对排便的活动特别感兴趣，希望通过自己的意志来控制排便。

艾里克森提出的理论中指出，这个阶段儿童需要养成适宜的大小便习惯，并且还渴望到更广阔的空间去探索新的环境。这个期间儿童会发展自主感，并且克服羞怯和疑虑。如果这一阶段顺利度过，有利于儿童对未来社会秩序和法律生活的适应，如果这个阶段不能顺利度过，儿童就会产生对自己的羞怯和对他人及生活的疑虑。

这个阶段，儿童开始产生自主意识，正在逐步获得自主感。明明、红红和天天因为已经感受到了自己控制排便而带来的快乐，所以他们想不断感受这种自主的感觉。儿童也是通过这一过程来初步培养

自己的自控力和意志。因为儿童渴望去探索新的事物，所以对自己排出的便便也会格外感兴趣。

这期间，根据不同的情况，有时会得到大人的夸奖"好孩子"，而有时则会受到"你怎么乱拉乱尿"的批评，这是儿童的人生中首次自身意志与社会观念产生矛盾的阶段，也是开始培养自制力的时候。

如何判断孩子是否进入肛门敏感期，可以参考以下几点：

（1）憋尿或者憋大便。

（2）对控制大小便感兴趣。

（3）开始说"不"。

（4）有时故意尿裤子或拉裤子。

（5）对自己排出的便便感兴趣。

自然度过肛门敏感期

这个时期，如果家长过于迁就孩子的欲求或者过于严苛地要求孩子排便，则不能使其顺利度过，人格发展就会固着，就会形成肛门性格。肛门性格的特点是，人前不能很好地表达自己的观点、邋遢、浪费、无条理、攻击性强，或者是过分爱干净、过分注重小节、吝啬、固执等。

那么，如何帮助孩子顺利度过肛门敏感期呢？

许多家长可能认为这是一种"倒退"现象，怎么这么大了还会拉、尿裤子呢？要知道，这不是一种倒退现象，而是孩子的成长现

象。家长应该耐心地对待并尊重自己的孩子。有时在外面的时候，孩子出现了拉、尿裤子的情况，家长会因丢面子而斥责或者评论孩子，这都是不正确的做法。要知道，不是孩子故意要拉尿到裤子里，而是孩子在练习控制排便，以致最后来不及去卫生间了。

如果孩子将排泄物排到了裤子里，家长不要斥责、辱骂、惩罚孩子，最明智的做法是温和、平静地安慰孩子，然后给孩子换上干净的裤子。

父母应该帮孩子培养良好的大小便习惯，但是不要过于强迫。可以定时问问孩子是否要大小便，并让孩子去马桶上坐一坐，如果孩子坐不住，也不要强迫孩子大小便。

给孩子准备适合的小马桶，并多准备一些容易穿脱的裤子。

孩子们都是喜欢游戏的，家长可以把这个过程变得比较好玩，如觉得宝宝应该去厕所排便时，可以说："哇，是不是到了让便便跳水的时间了？"

训练如厕的过程中，家长要多给孩子鼓励和赞扬，赞扬孩子的成长和进步。每个孩子的个性都不同，家长需要循序渐进。

一位妈妈和我分享了自己的宝宝顺利度过肛门敏感期的过程。宝宝在这期间发生了不愿意去卫生间的情况。宝宝每次大便都拉在客厅里，不去卫生间的马桶，说了几次都没有效果。细心的妈妈就注意观察，后来才发现马桶太高，宝宝上去不方便。马桶圈对于宝宝来说又太大，宝宝害怕自己掉进去。于是妈妈就给宝宝买了一个小马桶，孩

子刚开始还喜欢用，几次后，又不愿意用了。后来妈妈发现是宝宝的臭臭太多，坐在小马桶上排便的时候，臭臭会碰到屁股上，这让宝宝觉得很不舒服，于是就也不愿意用小马桶。

之后，妈妈就在大马桶上加了小的坐便圈，然后在马桶旁边放了一个板凳，这样宝宝就可以很方便地登上马桶，同时很自在安全地坐上去了。

就这样，通过仔细的观察和不断的沟通，妈妈找到了真正的原因，宝宝的大小便也非常规律了。

听到这位妈妈的分享后，我为她的细致、耐心而感动。孩子的每一个举动都有着背后的原因，家长应该做到在孩子的错误面前心平气和、和颜悦色，并用细致的观察来发现孩子行为背后的原因，用具体的方法来帮助孩子解决这些问题，这远比粗暴的禁止、指令及呵斥要好得多。

7. 手的敏感期：0~2.5岁

我的手能干什么

在楼下遛弯的时候，我看到一个妈妈抱着一个1岁左右的小宝宝，小宝宝对健身器材的圆把手产生了浓厚的兴趣。他用自己的小手不停地握圆把手，握紧、松开，再握紧、再松开，然后再转一转，神情专注极了。一直不停地用手摆弄那个圆把手，仿佛其中有着无限的奥秘等着他去发现。

扫一扫，听语音！

这个过程就是孩子在发现并锻炼自己手部功能的过程。有句话说"手是人类的第二大脑"，手的发育也带动了大脑的发育。孩子通过手部的运动来感知自己的身体，感知世界，并促进脑的发育。

敏感期解读

在手的敏感期到来时，手部功能得到了迅速的发展，手腕和手臂的支配能力增强，孩子们会不断尝试手的功能和力量，探索自己的手所能做的事情，每次手部的感受都会让他们体验到前所未有的乐趣。于是，我们会发现孩子非常喜欢用手摆弄东西，甚至有的孩子会出现

打人、推人、抠人、掐人等行为，他们还会拽、按、拧、捏、抓、抠、撕等，总之，凡是手能碰到的东西，能做的动作，他们都会乐此不疲。

到处撕纸的洋洋

洋洋6个月了，这个小天使是整个家庭的核心。可是最近，洋洋却喜欢上了撕纸，她尤其喜欢撕卫生纸，把卫生纸撕得到处都是，家里简直成了遍布卫生纸纸条的战场。不给她撕她就哭，这可愁坏了爸爸妈妈。这孩子咋会有这毛病呢？

其实，撕纸不是毛病，而是孩子手的敏感期到了，是手发展到能够进行精细动作的时候了，家长应该高兴才是。因为宝贝的小手，不仅可以完成简单的张开握上的动作，宝贝的每个手指头的功能也在飞速发展，现在他们可以用手指头来完成精细动作了。通过撕纸，他们不仅能够练习手指头的精细动作，感受到手的功能，而且还可以看到纸被撕成了各种形状，这对他们来说是何等的快乐啊！

从不能控制自己的身体，到可以控制自己的双手，来制造自己人生中的第一件"艺术品"，这对宝贝来说是多么兴奋的事情啊！

所以，这个时候，家长不需要强制孩子不要撕纸，反而应该引导孩子大胆、大量练习手部动作，让孩子在手的敏感期得到正常的发育、发展，让手完成更多的精细动作。例如，孩子要自己吃饭，那就自己吃吧，别怕孩子会把饭弄得哪里都是，别怕孩子弄脏衣服和身

体，也别怕会稍微浪费一些粮食。孩子想玩沙子，那就玩吧，只要看紧点，注意别迷眼睛就行。

总之，在安全的基础上，鼓励并支持孩子多用手去探索，去完成各种他们想做的动作，在这个过程中，孩子的心理得到了满足，手也会得到充分的发育。在手的敏感期，孩子的手和脑都得到了良好的发展、发育。

锻炼手部肌肉的游戏

亲子时间和自己的宝贝一起来玩一些锻炼手部肌肉的游戏，是手部敏感期的上上之选哦。

1. 翻书

1岁以内的孩子，可以看布书，家长可以陪孩子随意翻看。刚开始，孩子的手部小肌肉的能力还不强，翻书会比较慢，可能一次只翻几页，请家长不要着急，不用帮孩子去翻书，而是让孩子自己做，可以让孩子边翻书，边给孩子讲故事。这样既锻炼了孩子的手部小肌肉，也给孩子讲了故事。

2. 撕纸

纸的质地可以不同，可以是卫生纸、面巾纸、书写纸等，不要用太硬的纸张，以免划到宝宝的小手。可以让宝宝随意撕纸，可以让宝宝把纸撕开，然后再揉成团，丢到小筐里。也可以在纸上画上彩色的图形，如三角形、四边形等，然后让宝宝撕出这些形状。

3. 宝贝自己吃饭

当家长发现孩子在吃饭时开始抢餐具，并尝试用餐具把饭放到嘴里时，就可以放手让孩子自己吃饭了。孩子们是很享受自己吃饭的感觉的，不需要家长端着饭碗跟在他们屁股后面喂饭，而是给孩子准备适合他们的桌椅，围上围嘴，放好孩子专用的餐具。然后让孩子好好享用自己的吃饭时间。不要担心孩子会把衣服和食物弄脏，因为比起弄脏衣服和食物，孩子的生理和心理的发育更加重要。

4. 传递玩具

6~7个月大小的孩子，可以进行传递玩具的游戏。玩具可以是小积木，也可以是大一些的娃娃，总之，从大到小的东西都可以准备。先传递大的物体，让孩子拿起该物体，再放下。之后拿比较小的物体，让孩子练习用拇指和食指去捏取，这样可以有效锻炼孩子手指的灵活度。

8.行走敏感期：7个月~2.5岁

喜欢在坑坑洼洼的地方玩

扫一扫，听语音!

女儿在7个多月的时候，当大人的双手把着她的咯吱窝时，她就会用小脚蹬着做蹲起。有时在床边上，有时在大人的腿上，不停地蹲起，还咧着小嘴呵呵笑着。小脚丫非常有力，蹬得大人的腿比较疼。

她1岁多的时候，就开始喜欢到坑坑洼洼的地方玩，也喜欢在楼梯上爬上爬下，她爬楼梯可不全是用脚的，而是手脚并用地爬行，她喜欢不停地上楼梯然后再倒退着向下爬。

一次领孩子回老家看姥姥，小区里有一个小滑梯，女儿看了非常喜欢，那个小滑梯的大小也非常适合她玩。她就不停地从楼梯一边爬上去，然后再从另一边滑下来。玩了大约10分钟后，我着急回家，就催促她："咱们回家吧。"她不肯。又等了一会儿，我又说："宝贝，妈妈还有事，咱们先回去吧。"她还是不肯，眼睛也不看我，只是在不断地爬上滑梯、滑下来，爬上滑梯、滑下来……

"你要是不走，妈妈就先走了啊。"我心想一个1岁多的小孩子看

妈妈不在身边肯定会跟过来的。没想到，我走了几步后回头看她，这个小家伙执着地玩着滑梯，爬上去、滑下来；爬上去、滑下来……就她一个人，不停地重复着这个过程。没办法，我只有再走回来，等她玩尽兴。

2岁的球球是个非常活泼的孩子，小区里有一段小缓坡，每次他必定在那里玩，跑上跑下，不断往返，别提多开心了！下雨的时候，他最喜欢的就是穿上雨衣，蹬上雨鞋到外面踩水，在水里不断地蹦跳、撒欢，一脸的兴奋。而且不管在外面还是在家里，他也总是喜欢爬高，爬到高处后就表现出特别快乐、兴奋的样子。大人必须在他身边形影不离，生怕他爬高遇到危险。球球还非常热衷于用脚去踩各种东西，喜欢走石子路，所以鞋子特别容易磨破。

不要总抱着我

女儿同学的妈妈生了一个二胎宝宝，起名为彤彤，每天妈妈都会推着她来接哥哥放学，我们也都爱逗弄这个白嫩嫩的小家伙儿。转眼彤彤已经1岁2个月了，她已经不安于待在婴儿车里了。每天接孩子时遇到这个小家伙，总看到她趔趔趄趄地努力走着，两只小手还不停地来回晃着，小家伙还不能走稳，妈妈就弯着腰在后面跟着，往往是小家伙还没走够，妈妈的腰就酸得不行了。我们几个家长既担心学校门口人多车多不安全，又想逗彤彤玩，就假装要拦截彤彤，彤彤就会哈哈笑着，转身往别的方向快速走去，两只小脚飞快地行走着。有时妈妈实在是太累了，就把彤彤抱起来，她就哭闹着要下地，一放到地上就不哭了，又

开始奋力行走。在行走的时候，她的小眼睛冒光，很是享受这个过程。

敏感期解读

7个月~2.5岁是儿童行走的敏感期，他们开始喜欢站起来，在家长的帮助下上下蹦跳，然后不断试着站立及步行，希望自己行走，这期间孩子们好像不知道累一样，他们不愿意大人抱自己，总喜欢尝试着用自己的小脚来丈量这个世界。他们喜欢凸凹不平或者带坡的道路，喜欢登高，喜欢在水里踩来踩去，喜欢用脚去踩各种东西。

这些都是因为孩子们的双脚得到了解放，他们可以通过自己的力量去想去的地方，他们的眼界更加宽阔，他们以无比惊喜的心情控制着自己的双脚，每天都在锻炼双脚的力量，感受行走的喜悦。行走的敏感期过去之后，他们马上就会知道走多了会疲倦，就会要求家长来做自己的"代步工具"，所以我们会看到许多孩子自己不肯走，要家长抱，这时就代表着孩子的行走敏感期已经过去了。

让孩子爬够

有的家长发现别人家的孩子已经开始走了，可是自己的宝宝还不会走，就会着急。其实，请一定珍惜孩子的这段爬行时间，千万不要人为地减少孩子的爬行。

陈帼梅、冯晓霞和庞丽娟合著的《学前儿童发展心理学》中这样描述爬行对孩子成长的作用：爬行对孩子中枢神经系统的发展具有特

殊的意义，有利于婴儿确认物体的方位，可促进小脑、中脑的发育，有利于脑干部位的感觉统合，增强中枢神经的低级部分与高级部分之间的机能联结，有利于大脑皮层组织水平的提高。爬行还能提高视觉的稳定性和深度知觉的能力，有利于孩子的身心发展。

如果孩子的爬行时间被人为缩短，会出现什么情况呢？

可能会导致孩子动作笨拙、口齿不清、阅读错行、书写左右颠倒、情绪不稳定、专注时间短等学习障碍。

爬行能锻炼孩子颈部的肌肉和骨骼，使其能更强有力地支撑头部，并保证提供脑部足够的营养。这些能让孩子在上课的时候拥有清醒的大脑，专注学习，而不是头靠在桌上或者昏昏欲睡。

有的家长说自己的孩子不怎么会爬，直接就会走路了；有的家长因为怕脏而没有让孩子多爬；有的家长则因为精力和时间有限而让孩子用了学步车。现在孩子已经跑跑跳跳了，如何弥补爬行的不足呢？

建议设计一些爬行的游戏，儿童是很喜欢模仿的。我曾亲眼看过这样的场景，一个不到1岁的小男孩在爬行，旁边一个2岁多的小男孩本来是站着的，看到这一行为之后，也马上开始爬行。所以，家长可以在家里和孩子一起玩爬行的游戏，让孩子补足缺乏的刺激，建立应有的联结。

在行走的敏感期，家长不用担心孩子会弄脏衣服，对新世界的探知和锻炼行走能力远比弄脏衣服要重要得多。家长要做到保护孩子而不是限制孩子，在安全的基础上，尽量让孩子多用自己的小脚来感受自己的成长，多用自己的小脚来感知世界。

9. 空间敏感期：0~6岁

喜欢不断地搭建和破坏

女儿在3岁多的时候，我领着她去一所英语学校试听。试听课还没开始，我们在一个儿童活动区等待，那里有一个小木马，女儿就跑过去玩。旁边几个5岁左右的小女孩儿在搭积木，这几个小女孩儿把积木搭成了一个简单的城堡。这个时候，老师喊她们去上课了，小女孩们担心地看了一眼我的女儿，说："小妹妹，别动我们的这个城堡哦。"然后就跑去上课了。女儿没有抬眼看她们，也没有说话，好像没有听到这几个小姐姐的话一样，独自专心玩着木马，过了几分钟，女儿走下来，径直来到城堡跟前，举手就把城堡推翻了，然后摆弄了一会儿积木，自己也搭建了一些，又推翻掉，就又去玩木马了……

女儿有一阶段很喜欢掏自己的衣柜，她总是把自己衣柜里的衣服掏出来，不停地摆弄，很快，她的房间就堆了一地的衣服。帮她把衣服都放回去之后，她准又会把衣服都掏出来，散一地。反复告诉她衣服要放回原处，她也就是做个样子把衣服胡乱塞回去。第二天，准

又会把衣服都掏出来。除了她自己的房间，她也喜欢翻家里的各处东西，她的书架是一个一个的拼装小格子，女儿总会把那些书都折腾出来，逐本翻看。

邻居家的几个小朋友还没有上小学的时候，经常来找我玩儿，他们最喜欢的游戏就是"捉迷藏"，一方数20个数，另一方就去找地方躲起来。20个数后，就开始仔细地寻找。孩子们会躲到窗帘后面、床底下、桌子底下、柜子中间。有时候，我明明看到了，也装作看不见，让他们享受一下躲藏的乐趣。

敏感期解读

孩子0~6岁这个阶段，空间感在不断发展，这段时间被称作空间敏感期。孩子们通过各种活动来感受着空间的不同，进行着空间智能的发展。

空间敏感期，孩子的表现是喜欢不断乱扔东西，喜欢把玩具、枕头、袜子、书本等到处乱扔，而且他们还很喜欢钻研孔孔、洞洞之类的小空间。他们喜欢不断地搭建然后再破坏，还喜欢推着椅子在屋子里走，喜欢登高、跳下，喜欢玩躲猫猫的游戏等，这些都是空间敏感期的特点，他们通过这些行为来感受空间。

他们通过不断的探索来发展自己的空间知觉。空间知觉就是对空间位置、空间特性和空间关系的知觉。人及物体的形状、大小都包含在空间知觉之中，一般来说包括方位知觉、深度（距离）知觉等。

方位知觉也就是上下、前后、左右的知觉。

实验表明，3岁的孩子可以分辨上下；4岁能分辨前后；5岁开始辨别左右。

辨别左右是最难的，有的成人还分不清左右。左右知觉困难的孩子会分不清"b""d""p""q"，学习汉字时也容易左右颠倒。

深度（距离）知觉能够让人感受物体的凸凹程度和远近程度。例如，吉尔森等人的"视崖"实验。

我们来看看这个实验，婴儿趴在一块厚玻璃上，一侧在厚玻璃下紧贴着带图案的布，貌似没有深度，另一侧则把布放在离厚玻璃有一段距离的地方，从上面看，前面貌似一个"深沟"。然后妈妈先后站在两侧呼唤宝宝。一共测查了36个婴儿，这些婴儿的年龄是6~14个月。结果，有27个儿童只愿意爬到没有深度的那一边去找妈妈。如果妈妈在有"深沟"的那一边叫宝宝的话，宝宝大多数只是哭喊，不敢过去，只有3个儿童爬到了"深沟"的一侧。

"视崖"实验证明了深度知觉是先天具备的。当然，这种先天具备的知觉也需要后天的进一步发展。

支持孩子不断探索立体的空间

孩子在空间敏感期需要不断通过各种观察和活动来锻炼自己的空间知觉，培养空间智能。

在保证安全的前提下，家长要放手让孩子进行空间的探知。不要

因为怕脏，或者担心孩子磕到、碰到而不让孩子去做，应该帮助孩子在其中去积累经验。

女儿小的时候，如果在家里磕碰到了，就会大哭，这个时候，我会先把她搂到怀里，给她安慰，等她情绪平复了，会领着她来到磕碰的地方，问是哪里磕到她了。然后再领着她重新走一遍那个地方，告诉她怎么做才不会再被磕到。

家长要心平气和，接纳孩子的这种表现，要提供给孩子充分的材料，让孩子去探索。比如孩子喜欢扔东西，那就给孩子一些可以扔的东西，并告诉孩子哪些东西危险是不可以扔的。还可以给孩子准备一些球，和孩子一起练习扔球，扔枕头。但是要告诉孩子，易碎物品是不可以抛扔的。

对于左右知觉稍微困难的孩子，家长不要盲目批评，有的家长为孩子不分"b""d"而大为恼火，认为是孩子不用心，其实这不是孩了不用心，而是孩子的左右知觉尚待发育，家长切忌操之过急。家长可以进行一些训练来促进孩子左右知觉的发育，例如，教孩子做操时，一方面示范，一方面加上方位词"向左转，伸左手"等，但要记住的是，示范的时候，要以儿童的方位为准。

在了解了感知觉敏感期特点和重要性之后，我也要提醒一下亲爱的家长们，切勿揠苗助长，虽然感知觉的刺激很重要，但是也不要进行"感觉轰炸"，不要急于开发孩子的智力，很多家长会用各种方法集中轰炸孩子的五感，进行各种早期训练，这样做一方面会导致儿童

的退却，因为他们的身体还没有准备好接受如此多的"集中轰炸"，另一方面当孩子的表现没有达到父母的希望时，父母就会非常失望，从而给自己的孩子贴上"笨"的标签，这对孩子的心理发展和自信心的培养是很不利的。所以说，家长要因材施教、因势利导，本着一颗平常心，给孩子时间和空间，快乐地和孩子一起成长，这才是最重要的！

第三章

语言发展敏感期

10. 语言敏感期：0~6岁

有的家长对孩子的语言能力并不是非常重视，"不就是说话吗？谁还不会说话呢？""这还需要刻意培养吗？我们每天都在说话，孩子自然就会了！"

扫一扫，听语音！

孩子的语言能力真的不需要培养吗？爱因斯坦曾说过："一个人发展智力，形成概念，在很大程度上取决于他的语言。""茶壶里煮饺子""笨嘴拙舌"这些情况大家一定不陌生。翻开各大心理学的书籍，"语言"的内容都是一个独立的、详细阐述的章节。这是因为语言能力对人类的智力成长和心理成长都至关重要。

智力的五要素包括：注意力、观察力、思维力、记忆力和想象力，其中思维能力是智力的核心要素。而语言能力和思维能力是相辅相成的，语言训练本身就能促进思维的发展，思维的发展又能促进语言能力的提高。语言的准确性、条理性、连贯性、多样性等都和思维密切相关。

从心理成长的角度来说，语言能力能够让儿童更好地表达自己的需求、情感，也能更好地理解他们的话语。当妈妈要出差时，语言能力好的孩子可以用语言表达自己对妈妈的爱意："妈妈，我真爱你

啊！一刻都不想离开你！"而语言能力相对弱的孩子，可能只是拽着妈妈的衣角落泪，不肯放手。

记得有一次，我带着女儿去上课，女儿在一旁写作业，一位三年级的小哥哥看到女儿的数学题做得很慢，就说："你连这么简单的题都不会做啊！"女儿微笑着说："因为我刚刚一年级啊。"她的心情完全没有被这位小哥哥的话所影响。生活中，良好的语言表达能力和理解能力可以让孩子更加自信和泰然。而且，儿童掌握语言之后，高级心理机能才开始出现。高级心理机能是人类特有的，包括思维、想象、有意注意、意志、社会性情感等。

0~6岁是儿童语言发展的敏感期，这段期间，儿童对语言的敏感性处于一个高峰期，如果家长能够在这期间开展适宜的语言教育，就能对孩子语言能力的发展起到事半功倍的作用。

0~3岁的语言教育

语言的教育从婴儿诞生之日就可以开始了，家长可以经常和婴儿交谈，给婴儿听动听的儿歌等，别看婴儿这个时候还听不懂也不会说，但是他们无时无刻不在学习，家长轻声细语、温柔的说话声，家长与孩子的每一次交流，都有利于婴儿对母语的认识、理解，同时也有利于孩子语言表达能力的培养和发展。

1. 听觉与语言的训练

0~1岁是婴儿语言获得过程中语音的核心敏感期，加上此时婴

儿的听力发展较快，所以此时可以多增加听力的开发。比如，在婴儿醒着并且比较舒服的情况下，可以多和孩子用温柔、清晰的声音对话、交流，可以给孩子唱儿歌、童谣，读些优美的诗歌和散文。在朗读这些优美的诗歌和散文时，还可以配上优美的音乐。这样，朗读者自身可以感到愉悦和充实，婴儿的听力也能得到很好的正向刺激。日积月累，他们的小脑袋瓜里就能储备许多词汇，当有一天孩子冒出一些比较新鲜的名词时，家长也不必惊讶，因为这些词就是孩子在家长的这些努力下学会的。

2. 视觉与语言的训练

将实物与词汇结合起来，能更好地促进幼儿对语言的理解。家长可以抱着孩子在房间里散步，指着桌子、椅子、电视等家具，用清晰的语言告诉孩子"这是什么""那是什么"。外出散步时，也不要忘了用手指着自然中的花花草草、蓝天白云，路上的汽车、行人、商店等，告诉孩子这些都是什么，也可以谈一谈你对这些内容的感受。你可以手拿绿叶说："宝贝，这是树叶，你看它的绿色多漂亮啊。"雨后散步时，看到蜗牛，可以手指蜗牛告诉孩子："这是蜗牛，它背上的壳就是它的家。"就在这些举手投足之间，孩子的词汇可以不断地积累，孩子对语言的理解也会不断地加深，同时，家长的表达能力也会影响着孩子，孩子会在家长的遣词造句中学会语言的应用。

3. 嗅觉、味觉、触觉和语言的训练

"这个橙子的味道是酸甜的。""这朵花好香啊！""这个毛绒

玩具摸起来是不是很柔软？"幼儿对感官的感受是很敏锐的，家长可以适时地用语言来表述感官的感受，让孩子更好地理解生活中接触到的事物，学会用语言表达自己的感受。通过词汇的积累和运用，孩子可以更好地认识和理解这个世界。

3~6岁的语言教育(亲子阅读)

3~6岁是儿童的词汇量积累突飞猛进的一个阶程，在这期间，随着词汇量的迅速增加，儿童可以用语言来陈述自己的需要及喜怒哀乐，用语言来调节行为，用语言来认识和了解世界。

这个时候应重点培养孩子的阅读兴趣。

作为一个非全职妈妈，每天陪伴孩子就是下班后的这段时间了，一定要保质保量地度过这段时光。我非常推荐睡前亲子阅读时间，每晚我的女儿都非常喜欢这段时光，一说要读书了，她就会欢呼着迫不及待地跑到床上，然后放松地依偎在我的怀里，一起读书。

在亲子阅读时，需要注意的是：

1. 选择适合孩子的阅读内容

首要推荐的当然是各种绘本，如情商绘本、科普绘本、中国传统故事绘本、外国获奖绘本等。孩子可以有一个自己专有的读书角，那里要有一个孩子专用的书架及舒服的座位，可以是一把椅子，也可以是一块舒服的地毯等。孩子还不识字的时候，家长一定要选择能够吸引孩子的高品质的绘本，孩子会被这些色彩丰富的图

画所吸引，孩子这段期间一般会自己翻看一下图画，然后选择自己感兴趣的绘本，让家长给朗读。

2. 如果孩子要求反复讲一本书，那就去做吧

有的孩子会要求家长反复诵读一本书，可是反复的阅读会让家长感到无聊。时间长了，家长往往会趋于崩溃。这时，家长会建议孩子换一本书来讲，可是孩子就是不愿意。这个现象确实非常普遍，在我的小听众中，有的孩子就喜欢听"托马斯"，有的就喜欢听"小马宝莉"，有的就喜欢听"公主故事"，而且一个故事总是反复地听。

为什么会这样呢？孩子反复听故事的过程其实就是学习的过程，他们在听故事的时候会知道下一句是什么，从而获得一种控制感，孩子非常喜欢这种控制感的获取。他们会记住里面的每一句话、每一个词，如果你哪次不按照书上的读，孩子就会说："妈妈，你讲错了，应该是……"然后，孩子就会把接下来的故事一字不差地讲出来。

曾经有一位妈妈跟我说，自己的宝宝总是喜欢让妈妈反复讲一个故事，妈妈就尊重孩子的意愿反复地讲。有一天，5岁的孩子突然说："妈妈，我给你讲一个故事吧。"然后，孩子就开始绘声绘色地讲了起来，竟然一字不差，而且语气和妈妈讲的语气一模一样。

3. 指读时不要强迫孩子看字

家长希望通过指读让孩子多认字，可孩子就是不喜欢盯着字看，眼睛总会被图画吸引。很多妈妈说："我的孩子不喜欢看字啊，让他看字，他就不看！怎么办呢？"这个时候，家长不要强迫孩子认字，

对于文字敏感性强的孩子，就是瞟那么一眼，经过日积月累也会达到识字的效果。而对文字敏感性不怎么强的孩子，再费心教，进步也会很慢，而且会影响孩子对读书的兴趣。家长可以选择一些字号相对大，字数较少的绘本，给孩子指读，也可以和孩子一起做指字游戏，让孩子指字，家长来读。

要知道，会认字是迟早的事，而培养阅读兴趣才是最重要的。看着丰富、有趣的画面，听着妈妈娓娓道来的、有趣的故事情节，这是多美的享受啊！孩子会很快培养出对阅读的喜爱。

4. 培养孩子的独立阅读能力

孩子到5岁后，家长应该有意识地培养一下孩子的独立阅读能力，很多时候，孩子不喜欢独立阅读，希望妈妈给他读，这个时候可以采用欲擒故纵的方式，家长可以先自己看这些绘本，表现出很感兴趣的样子，孩子被吸引过来后，可以先给孩子讲一些，然后以要处理工作或者上厕所等为由，在兴头上戛然而止，这个时候孩子就会自己阅读，之后家长再大加表扬："哎呀，我的宝贝真能干，都能自己阅读啦！实在太让妈妈高兴啦！"及时进行正面强化，可以加大孩子自己阅读的主观能动性。

5. 渐渐加大阅读书籍中的文字量

家长要培养孩子喜欢阅读文字，文字是一种抽象的符号，阅读文字时孩子需要更多的思考，从而更有利于大脑语言中枢的发展。所以孩子5岁以后，家长可以有意给孩子购入一些文字量偏大，图片少一

些的书籍来读，这样孩子就会自然而然地习惯于看文字，认字后阅读速度会越来越快，内容吸收越来越多，词汇积累量越来越多，可为孩子将来上学后的学习打下坚实的基础。

6. 不要强行让孩子总结绘本讲了什么道理

抽象逻辑思维在5岁之后才开始萌芽，所以对于学前儿童来说，他们还不具备总结陈述的能力。所以，如果问孩子"这个绘本讲了一个什么道理啊？"大多数孩子都会瞪着小眼睛茫然地看着家长。如果每次都让孩子总结，孩子就会对于自己无法总结出绘本的道理而比较懊恼，从而产生压力，排斥阅读。

自言自语的宝宝

4岁半的婷婷每天从幼儿园回来都会有一段自己玩耍的时间，虽然她有一个相差2岁的姐姐，在自己玩的这段时间，她也从不找姐姐，而是在玩具房里自己玩玩具。她一边玩，一边自言自语，例如，"小马说什么了？""小公主说什么了？""小马的心里很高兴，一边哼着歌一边跳舞……哎呀，你干什么去呀？你穿的衣服真好看啊……"

女儿3岁上幼儿园之后，自言自语的现象开始出现，有一次，我觉得很有趣就录了下来。她在画一幅画，一边画，一边自言自语："要先画一个圆，然后再涂上一些颜色。小朋友们要仔细看哦，我看谁表现得好，嗯，这个小朋友表现很好，奖励你一颗小糖。"一边

说，还一边做出给糖的动作，这个情景逗得大家哈哈大笑，这段视频也一直珍藏至今。

敏感期解读

3岁以前，儿童基本上都是和成人一起进行活动的，所以儿童的言语基本都是和成人一起的对话形式，都是外部言语。3岁后，会逐步出现自言自语的现象，这实际是内部言语产生的一个过渡期。内部言语是言语的高级形式，是在外部言语的基础上产生的，是自己思考问题时采用的一种特殊的言语形式。自言自语是孩子言语发展的一个阶段，在这个过程当中，言语的自我调节功能也随之萌芽。此时，大人无须做任何干涉，用欣赏的眼光陪伴孩子就好。

与成人的语言交往

幼儿的语言是如何习得的呢？

他们不认字，也不上课，实际上，他们早期语言的习得就是在和成人的交流中进行和发展的。

相信大家都知道印度狼孩卡玛拉的故事，她在8岁时被人发现，那时她不会说话，经过抚养者的不断努力，7年后，她仅仅学会了45个单词，到她17岁离世时，还没有真正学会说话。而实际上她的各项生理机能是正常的，只是在语言敏感期没有语言环境，所以再学习其他语言就会感到很困难。

如果婴幼儿在婴幼儿期没有获得适宜的语言教育，那么他的语言发展方面就会出现无法弥补的缺陷。可见，成人与幼儿的语言交流，对儿童的语言习得有多么重要。有的父母工作忙，孩子是由老人或保姆带着，平时的语言交流很少。那么直接的结果就是孩子的语言表达能力较弱。

敏感期解读

提到语言能力，有些家长认为这是孩子自然就能学会的，或是认为这应该是学校里的老师教的。殊不知，课堂里学的语言大多数是抽象的、生涩的，需要孩子认真理解的，学习的主动性略微欠缺，而且只有一部分才能内化成儿童自己的语言。而在家庭中，幼儿是在生活游戏中，在实际的与人的交流之中，在具体的环境中完成语言的交流与学习，这样的学习更具有主观能动性，内涵更容易被幼儿领会，也更易于内化到儿童已有的语言体系中去。

在孩子0~6岁的语言敏感期中，成人应该为孩子创造一个自然、轻松的语言环境，培养孩子语言交往的习惯，提高孩子语言交往的能力，并且给孩子丰富的语言营养。

当婴儿0~1岁咿呀学语时，家长应该高兴地及时进行反馈，用清晰、准确的语言和婴儿进行愉快的交流，尽可能地配上丰富的表情和让婴儿感到愉悦的动作。

在婴儿学习说话的阶段，经常有用词不准确、发音不清晰或是不礼貌的话语出现。不需要严厉指出孩子的发音问题，因为孩子的发音器官尚未发育完善，所以某些用词发音不清晰、不准确是非常正常的。对于不礼貌话语，告诉孩子这是不礼貌的，然后交给孩子礼貌用语即可。

当孩子经常问："这是什么？""那是什么？""为什么？"的时候，家长应该详细地给孩子说明，并借机问问孩子的理解，如果孩子不知道，就和孩子一起寻找答案，交给孩子寻找答案的方法。

打造雄辩宝宝

孩子的语言学习过程，是先听懂，然后才会说。家长和老师应该给孩子多听发音标准、内容积极向上的音频。还要注意儿童的发音器官（唇、舌、声带、喉部、鼻腔等）和听觉器官的功能是否正常，如果发现有异常，要及时采取措施。曾经有一个家庭的孩子，到了3岁还不会说话，家长开始以为是说话晚，后来去医院检查，才知道是因为药物过敏导致的重度耳聋，幸亏及时开始语言培训，否则这个孩子可能永远都不能开口说话了。

1. 不需要过于纠结孩子的哪个发音不准

因为一些复杂的语音要到孩子6~8岁才能比较清楚地发音。我的女儿在4岁前，一直把"自己"的"自"这个音，发成"记"，在自我意识的敏感期，她希望自己做事，所以总说"我记己，我记己"，

到了4岁半，就可以说出标准的"自己"的音了。口才好，不是发音有多标准，而是要锻炼孩子勇于表达的自信和勇气，快速灵活的语言反应能力等，这些都不会受限于某几个发不准的音节。

2. 教孩子朗读及表演儿歌等优秀的文学作品

很多家长说，自己的孩子在家里表现很活跃，可是在众人面前讲话时声音很小，而且扭扭捏捏，不敢在公共场合发言。这个时候，家长需要培养孩子的朗读技能、加强孩子的自信心。

家长可以多领孩子大声朗读、背诵优秀的文学作品，孩子的记忆能力是远远超过成人的，他们会很快学会背诵。当孩子能自如背诵一段文学作品后，家长要找机会鼓励孩子在众人面前表演出来，然后马上给予表扬和鼓励。经过不断的锻炼和鼓励，孩子就会积累自信，并勇于在众人面前表现了。

11. 诅咒敏感期：3~5岁

喜欢说"臭屁屁""打死你"的阶段

衡衡今年4岁了，上幼儿园中班，最近妈妈发现他总是说一些"脏话"，不高兴的时候会说"臭妈妈""打死你"，还经常对一些"拉屎""撒尿""屁股"之类的词非常感兴趣。一说到这些词就很兴奋。妈妈就在想，是不是孩子在幼儿园听到其他小朋友喜欢这样讲话，所以孩子学会了，妈妈为这件事忧心忡忡。

扫一扫，听语音!

萱萱今年快5岁了，最近不知道从哪里学的斜眼看人，当对他人不满意的时候，就斜着眼睛看人，老师批评过几次，也不改正，就告诉妈妈让回家好好管教一下。妈妈告诉萱萱："不可以斜眼看人，这是很不礼貌的，知道吗？"萱萱斜着眼睛很生气地看着妈妈，妈妈说："你怎么又斜眼看人了？"萱萱大声喊道："我讨厌你！"

敏感期解读

这些情况表明，孩子进入了"诅咒敏感期"。这个期间，孩子的

语言能力已经发展到了一定程度，他们发现当说一些带有暴力色彩的话语或者"脏话"的时候，大人的反应会很强烈，而孩子从大人的反应感受到了语言的力量。那么他们就会乐此不疲地使用这些语言，不断感受这种语言威力带给他们的乐趣，从而也感受着自己不断发展壮大的力量。

了解了这点，家长们是不是就能坦然面对了呢？

这可绝不是自己的孩子学坏了哦，而是他们已经到了语言发展的一定阶段，他们开始有能力运用语言的力量了。当然，以后要是成为一个"脏话大王"那可不行。那么，家长遇到这种情况到底该怎么做呢？

这要看孩子说的是什么类型的"脏话"，如果是一些极具暴力性的语言，例如"打死你""把你的手打断"等，家长要冷处理，不需要过度大惊小怪，也不需要上纲上线地批评，告诉孩子"这么说是很不礼貌的"，然后该干什么干什么，不要让孩子因为这样的语言影响到自己的情绪，不要有过激的反应。这样，孩子发现自己的这种暴力语言并不能实现被关注和引起强烈反弹的效果，孩子自己就会觉得无趣了。

如果说的是一些"拉屎""撒尿"的话，大人有的时候还可以适当融入一些有趣的家庭游戏，以便和谐家庭氛围。邻居的几个小朋友，经常来家里玩，有一阶段会说"大屁屁""某某某在拉屎"的话，然后哈哈大笑。孩子们在说这些语言的时候，想得并不多，这

个时候，我要么无视，要么就和他们玩游戏，如果说到"大屁屁"，我就会说　"来，咱们跳一个扭屁屁舞蹈吧"，孩子们就会很高兴地开始做游戏，然后自然地转到下一个游戏。等孩子到了6岁左右的时候，这些来家里玩的孩子，就已经很少再说这些话了，他们又有了新的感兴趣的话题。

当然，我们一定要留意孩子身边的人，如果孩子身边有一些成人"脏话连篇"，那还是让孩子敬而远之好一些，因为见什么学什么可是孩子的本性哦！

第四章

个性和社会性发展敏感期

12. 渴望爱的敏感期：0~3岁

就是要跟着妈妈（依恋）

有一位家长和我说："沈老师，我家宝宝好黏我啊，只要我在家，他都不让爷爷奶奶碰，只要我坐在哪儿，他就赶紧赖在我怀里，睡觉也一定要抱着我。他还是个男孩子，总这样黏着我，有时还真的挺烦人的。"

另一个妈妈和我说："我家宝3岁了，刚上幼儿园，每天我下班回来，他就来搂着我的脖子，然后要我抱。之后就是我走到哪里他就跟到哪里，一刻都不想离开我呢！"

每位妈妈都会有这种感觉，孩子总是希望和妈妈时刻待在一起，尤其是在家里的时候，喜欢让妈妈抱着，睡觉一定要搂着妈妈，活像一个小"跟屁虫"！这要是在妈妈很轻松的状态下还好，可要是妈妈有重要的事情或者很累的时候，估计就有些吃不消了。

扫一扫，听语音!

敏感期解读

0~3岁是孩子渴望爱的敏感期，在这期间，孩子非常希望得到家

长的关爱，除了衣、食、住、行上的关照，还需要大人的拥抱、抚慰以及温柔的呵护。

在这里，需要提到一个心理学的名词"依恋"。依恋是指人与人之间建立起来的、双方互有的亲密感受以及互相给予温暖和支持的关系。

这种行为开始于婴儿期，主要表现在婴儿和看护者之间（婴儿的看护者多是母亲）。婴儿通过吸吮、拥抱、抚摸、对视等逐渐与看护者建立了依恋的关系。这种关系对婴儿以后的社会性发展十分重要。

孩子与母亲的依恋分为几个种类，有安全型、逃避型和矛盾型。

安全型：母亲离开时，孩子会哭泣、焦虑；母亲回来后，孩子会非常高兴。母亲在时，孩子可以自在玩耍，不时会到母亲身边靠一靠，抱一抱，寻求一下安慰。他们通常比较合作，很少生气，对陌生人也比较友善。

逃避型：母亲离开时不怎么哭泣，母亲回来时也不会显得太高兴，并会设法回避母亲，这些孩子在自己有需要的时候一般不会寻求帮助，经常有愤怒情绪产生，对陌生人也不太在意。

矛盾型：在母亲离开前就有焦虑的表现，紧张关注母亲的行为，他们因为怕母亲离开而不能专注于游戏之中；母亲离开后他们会更加焦躁不安，当母亲回来后，他们的表现比较矛盾，既想亲近母亲，又常以踢打、尖叫来拒绝。这样的孩子很少对周围环境进行探索，很难安抚，对陌生人也不友好。

不同依恋类型对孩子的认知和人格品质的形成都有一定的影响。

安全型依恋的儿童会更积极、独立地探索外部世界，所以能更多地积累经验，更快发展起适应环境、解决问题的社会技能和策略，还会拥有更高的注意力、应变力和坚持性，他们对冲动及情绪的控制力也会较强，并具有更多的好奇心。

家长不要因为孩子很黏人就嫌烦，我们应该怎么做呢?

积极关注孩子

孩子6个月到1岁期间，是形成依恋关系的重要时期。

家长要积极地对待孩子的反应。例如，根据孩子的需要来喂食，对喂食的时间、速度和方式都要用心，根据孩子的需求来制订时间表和喂食方式。除了衣、食、住、行上的照顾，家长对孩子的情感需求也要及时给予满足，经常给孩子拥抱、抚摸和安慰，让孩子无论从身体上还是精神上都得到稳定的、高质量的照料。

家长的辛苦付出会得到回报的，当孩子在稳定的家庭和照顾者那里获得较好的照料和得到充足的爱时，他们就容易形成积极的人格品质。

感受孩子的情绪

对待孩子的情绪，我们要做到接纳、共情，对孩子表示充分的理解。当孩子因为年幼而对外界环境产生不安全感时，会有害怕、缺乏

勇气的表现，他们有时会缩在家长的怀里，不肯去尝试；当他们在探索世界的时候，也会为一点点挫折而哭哭啼啼，跑回来找家长安慰。

"妈妈我这儿碰到了。""妈妈，我这儿疼。"……

此时，作为家长应该及时回应孩子的情绪。

例如：

"妈妈，我这儿碰到了。"

"哦，宝贝，哪里？疼不疼？妈妈给你揉揉啊！"

而不是说："你是男子汉，不要总是哭哭啼啼的，那点小伤算得了什么！"

"妈妈，你回来了，我想你啦！"

家长抱起孩子说："宝贝，我也想你啊。和妈妈说说，今天一天你都有什么好玩的事情？"

而不是说："哎呀，妈妈累死了，你让我安静一会儿！"

"妈妈，他又抢我的玩具！"

"哎呀，宝贝一定很难过是不是，我们商量一下该怎么办吧？"

而不是说："你这个没出息的，怎么总被人欺负！"

在渴望爱的敏感期，让我们用爱心、耐心来呵护孩子幼小的心灵，让他们在充满安全、爱的环境中茁壮成长吧。

13. 自我意识敏感期：1.5~4岁

不许动"我的东西"

女儿3岁的时候，邻居家给了一辆滑轮车，这辆滑轮车是邻居家小姐姐很心爱的玩具，因为孩子长高了，便将这辆小车送给了女儿。女儿很喜欢，晚上就滑着它在外面玩儿，刚好碰到了邻居家的小姐姐。小姐姐看到自己以前的小车，很想再玩玩，就和女儿说："给我滑一下，好不好？"女儿一摇头："不行，这是我的。"我告诉女儿："宝贝，这辆车可是小姐姐送你的哦，你让小姐姐也玩一下吧。"可是，女儿还是坚决不愿意，小手紧紧把着滑轮车，不肯撒手，小脸紧紧绷着，表示绝对不行。小姐姐忍不住，上来摸了一下滑轮车，女儿立刻就炸了，大声哭叫起来："这是我的！这是我的！我不给你玩儿！"说什么也不让小姐姐靠近滑轮车。

总是说"不"的琳琳

琳琳2岁半了，最近妈妈发现琳琳不像以前那么听话了，凡事经

常说"不"！

让她去卫生间，她说"不"；让她吃饭，她说"不"；让她洗澡，她说"不"……

总之，孩子就是喜欢把"不"字挂在嘴边。凡事都喜欢和家长对着来，让她干什么，那就是一个"不"字。如果家长不顺着她的心思，她就会非常不高兴。

琳琳妈妈犯了愁，这孩子怎么这么不听话？这样下去，还怎么管？于是就狠狠心开始强制琳琳执行，结果每次都把琳琳弄得大哭，家里天天鸡犬不宁的。

爱打人的虎子

虎子2岁了，动不动就抬手打人。有的时候会使劲儿抠爸爸妈妈的脸或者手，有的时候抬手就给家里人一巴掌，打的人莫名其妙的。和表姐一起玩的时候，开始还能好好地玩儿，往往没过一会儿就会听到表姐的哭声，大家就知道又是虎子打人了。有时，虎子还会用言语威胁姐姐，"你再不给我这个玩具，我可就打你了啊。"和小朋友一起玩的时候，虎子也愿意动手，时不时地推别人一下、打别人一下。家长对其批评教育，收效甚微。

妈妈说我是好孩子(自我评价能力)

在家人看来，3岁半的瑶瑶属于"人来疯"，平时在家里都是挺

安静的，可是只要一来客人，瑶瑶就立马开始欢实起来。她总是会做出这样或那样的举动，或者是参与到大人的谈话中来，或者一会儿说要吃这个、一会儿要喝那个，总希望吸引别人的注意力。瑶瑶会背一些儿歌，家里来了客人，她就会大声背儿歌，客人自然会表扬瑶瑶背得好，瑶瑶就特别高兴。妈妈不禁担心，这样爱表现，这样希望得到别人的表扬，会不会太虚荣了呢？

一次上课的时候，我问几个4岁的小朋友，你们的优点是什么的时候，小朋友们的回答是这样的："我能帮妈妈擦桌子，妈妈说我是个好孩子。""我能帮老师收拾积木。""我不打人，妈妈说我很礼貌。"几乎每个孩子都在说大人给自己的评价。

敏感期解读

自我意识，也称"自我"，就是把自我和别人、环境区分开来，认识到自己和别人及环境是不同的，进而通过客观反映和评价来认识自我。这是孩子人生的第一个叛逆期，有一些叛逆感和冲撞感是很正常的。

著名作家王振宇等在《儿童社会化与教育》一书中说过："儿童社会化的目标就是形成完整的自我。"所以说，这个阶段对孩子的个性形成和发展都至关重要。

刚出生的婴儿是没有自我的，之后他们的首要发展任务就是把自己和周围环境区别开来，产生自我评价、自我体验和自我控制。

幼儿从1岁半开始，能用言语"我""你"来区分自己与他人，这时幼儿已经能够认识到自己是独特的，并能从照片中认识自己。有个著名的"点红鼻子实验"，就是实验者在3~24个月的婴儿鼻子上点一个红点，然后让他们照镜子，同时观察这些孩子的表现。发现15~24个月的孩子会对着镜子触摸自己的鼻子，这就是自我意识产生的表现。

在这期间孩子开始感受并愿意控制自己的力量，他们会出现打人、喜欢说"不"、不愿意分享等特点。

自我意识的形成是幼儿与世界和社会环境相互作用的结果，自我意识的发展对于儿童未来人格的形成有着深刻的意义。因为这段时间的发展有助于培养儿童处理与他人及环境之间的关系的能力，这段时间，孩子开始能迅速认识到人的态度，体验他人的情感等。

那么，当孩子处于自我意识敏感期时，家长该如何做呢？

1. 尊重孩子的物权，适当引导分享

孩子不愿意拿自己的东西分享，这是孩子在区分"你的""我的"的过程，希望对自己的行为及物品都有所管控，在培养自己的"所有权"意识。让孩子对自己所有的东西能够拥有自主权，也是对孩子的一个尊重。家长会考虑如果孩子不分享，那岂不是显得过于小气？那多没面子呀！不妨想一想，面子和孩子所有权的获得哪个更加重要呢？这个时候，家长可以和孩子商量，如"他分享了什么给你，你是否可以分享这个给他？"如果孩子实在不愿意，则不需要强求。

以后，在其他孩子分享东西给孩子时，可以借机引导，问问孩子"得到分享是不是很开心呢？分享是一件让人快乐的事情，你分享给别人，别人也会给你分享，这样大家都开心。"家长也要以身作则，小伙伴们一起出去玩的时候，和大家共同分享一些食物等。随着时间的推移，经过耳濡目染，孩子就会慢慢懂得并愿意和大家分享。

2. 设定规矩和界限，在这个范围内给孩子充分的自主权

孩子说"不"，是孩子在创建自我的过程。这个时候，孩子能区分自己和他人，感受到了自我意识。希望通过说"不"来享受自主权利，而且他们觉得说出"不"字后，可以得到大人的强烈反应，并且有时还可以自己说了算，可以自己主宰自己的行为。于是，就更加乐此不疲。

这个时候，如果家长一味地顺从孩子的意志，就容易导致孩子养成任性的性格；如果和孩子对着干，强制孩子执行，又会让孩子形成懦弱、依赖、缺乏自主性、不自信的性格。所以这个时候，家长应该灵活处理。如按时吃饭、按时睡觉、对人礼貌等，给孩子一定的规则和界限，并和孩子说清楚，其余的事情大可让孩子自己决定。

例如，琳琳在玩玩具，妈妈说："琳琳，该睡觉啦！"琳琳说："我不！"妈妈就可以说："那你再玩10分钟，当分针指到这儿的时候，就去睡觉，听到了吗？"琳琳："嗯，知道了。"然后到时间后，琳琳就去睡觉了。

如果孩子不肯吃饭，家长可以告诉孩子：吃饭的时间是几点到

几点，过了这个时间得是几小时之后才能吃饭了，然后尊重孩子的决定。关键是家长要严格遵守制订的规矩和界限，不能孩子一要闹家长就改变。例如，还是吃饭的事情，孩子没有吃饭，没到下次饭点儿的时候，孩子饿了，吵着要吃。这个时候，家长不妨狠一下心，温柔地告诉孩子，"宝贝，妈妈知道你饿了，但是我们刚才说好了，过了时间没有饭吃了，再忍耐一下吧。"几次之后，孩子就会知道制订的规矩是要遵守的。

3. 小拳头举起时，冷处理；小拳头放下时，讲道理

孩子打人纠正起来不容易，需要方法，也需要时间和耐心。这个时期，孩子打人可能是表达愤怒或者不同意见，也可能是一种打招呼的表现。孩子不知道如何表达自己的想法，也不知道控制自己的行为。

一次上课的时候，一个4岁的小男孩儿因为没有得到贴画儿而非常生气，他对我怒目圆睁，然后愤怒地使劲儿推了我一下。别看他小，因为使出了全身的力气，我还是打了一个趔趄。我知道他不知道该如何表达，没有立即表示愤怒或者批评，只是让他先到一边去，然后继续上课。他坐下来，还是很生气，不肯融入课堂中。我继续按部就班地上课，没有批评，也没有关注他的这个行为，孩子很快就被有趣的课堂内容所吸引，眼神渐渐柔和起来，然后开始举手要参加角色扮演。我就把他叫上来表演，孩子表演得很好，我送给他一个贴画儿，并且蹲下来，微笑但坚定地和他说："宝贝儿，你刚才打了我，

你应该给我道歉！"这个小男孩儿马上跟我说"对不起"，我拥抱了他，并告诉他"你是个懂礼貌的好孩子"。然后，他高兴地回到了座位上。这一切，他的妈妈都在外面看着，晚上回家后，妈妈也和这个孩子讲清了道理，孩子又发来语音向我道歉。

在自我意识的敏感期，孩子打人我们一般不提倡"以暴制暴"，而是在孩子比较冲动的时候，冷处理一下，以此来告诉孩子这种行为不被推崇，也不会被重视，不能通过打人来获得存在感，更不可能通过打人来实现自己的目的。在孩子冷静下来之后，给孩子讲道理，明确告诉他"打人是错误的"，并教给孩子正确的做法。如果言语解释无法让孩子明白正确的做法，就要进行情景模拟，告诉孩子如何用语言来表达自己的情感，如何用动作来表示友好等。然后再告诉孩子，他是好孩子，相信孩子可以做好。

4. 不断给孩子贴"正面标签"

美国社会心理学家库利的"镜像自我"理论中提到：每个人的自我意识是在与他人交往的过程中，根据他人对自己的看法和评价发展起来的。自我评价能力一般出现在3.5~4岁。

对于幼儿来说，他们的自我意识更多的是从看护自己的家长、老师处得来的。也就是说，家长、老师对孩子的行为及态度，是孩子获得各种自我判断及经验的直接来源。所以，孩子们愿意表现自己，希望听到夸奖，也会根据家长对自己的评价来进行自我评价。

家长和老师要多多给孩子贴"正面标签"。这个"正面标签"

可不是单纯的"棒""好""聪明"，而是一些具体的正面描述式赞扬，如"你真努力""能克服困难""不怕困难""善于向别人学习""有礼貌""有诚信"等。

总之，在自我意识的敏感期，家长应该在一定的规则内，尽量尊重孩子的意愿，给孩子一个宽松的成长空间，多多给孩子正向的鼓励和表扬，帮助孩子成为一个独立、自主、自尊和友爱的人。

14. 秩序敏感期：2~4岁

遵循洗澡顺序的萌萌

2岁半的萌萌洗澡的时候有些麻烦，每次都要先脱裤子，然后再脱上衣，而且每次都要在浴盆里放进她的玩具小熊，只有小熊在浴盆里了，她才肯进去，否则萌萌是不肯进入浴盆里的。

扫一扫，听语音！

有一次，妈妈先帮她脱了上衣，然后才脱裤子。萌萌哇地就哭了起来，非要穿上衣服，重新脱。没办法，妈妈又帮她穿上了，然后先脱裤子，再脱上衣，最后再把她心爱的小熊放到浴盆里，萌萌才肯进到浴盆里。之后，萌萌让妈妈给她拿来粉色小毛巾，她手里攥着小毛巾，让妈妈给洗头发。接着让妈妈在浴花上抹上浴液，先洗小手，然后上半身、屁屁、腿、小脚。这些顺序依次完成后，萌萌美美地玩一会儿小熊，这些流程全部结束，萌萌洗澡才算正式结束。她才会让妈妈把自己抱出浴盆。任何一个环节的顺序破坏了，她都要哭鼻子。

我在上课的时候，越小的孩子越对自己的椅子非常在意，如果别

的小朋友不小心坐了自己的椅子，那这位小朋友一定会站到自己的椅子旁边，不肯去别的椅子上坐下。

女儿2岁的时候，一般出门玩的时候都是姥爷抱着。有一次，女儿走累了，让姥爷抱，可是姥爷手里拿着东西，姥姥就把女儿抱了起来。这下女儿不干了，非让姥姥接过姥爷手里的东西，然后让姥爷抱自己。

女儿3岁半去幼儿园的时候，有一次，我早上有事不能去送她上幼儿园，就让姥姥送她去，姥姥走了一条平时不走的路，结果女儿非常不高兴。她说姥姥走错了，不应该走这条路。姥姥回家后就和我说："孩子怎么这么固执啊，我走的路和你走的不一样，她都不高兴。"

以上的这些情景，是不是大家看着都比较熟悉？有些家长会疑惑孩子为什么会变得这么固执，不会变通，甚至有些蛮不讲理呢？

敏感期解读

其实，这是孩子到了一个俗称"金不换"的敏感期——秩序敏感期。

秩序敏感期就是幼儿对秩序的一个极端敏感的时期，在这一时期，幼儿获得并逐步发展对空间顺序及时间顺序的适应性。一般出现在2~4岁。

内部秩序感和外部秩序感

著名教育家蒙台梭利指出，幼儿具有内部秩序感和外部秩序感。幼儿和成人不同，成人拥有众多的经验，对世界拥有一定的认识和理解。幼儿则不同，他们来到这个世界上时间短，一切对他们来说都是陌生的，这时他们的第一需要就是生存，他们需要获得一种安全感。而安全感是建立在了解自己的环境，并掌控这些环境基础之上的。

内部秩序感的建立，开始让幼儿知道自己身体的不同部位在什么位置，并知道这些部位的固定功能。渐渐地，内部秩序感会转向外部秩序感，幼儿会强烈追求人及事物的秩序化，他们对物体的摆放位置、动作发生顺序、人的互动情况等都有固定的要求，而且这些要求令成人无法理解，甚至觉得孩子在无理取闹。

殊不知，孩子在这个过程中希望获得一种掌控的感觉，从而获得一种安全感。另外，这也是孩子对标准和完美的追求。秩序是人很重要的需要，这个期间如果能够顺利度过，孩子就会养成做事有秩序的习惯，也能提升其自我管理的能力。

如果在这个期间，家长不能顺应孩子对秩序感的要求，不能给孩子一个秩序上的安全感，那么孩子接受了这种杂乱无章的状态，将来做事的条理性、自我管理能力的发展就会受到影响。

秩序感培养的原则

1. 我们尽量满足孩子对秩序的要求

只要不是过分的要求，家长就应尽量满足孩子。例如，之前举的萌萌洗澡的例子，可以按照孩子的要求来做就好了，大人没必要非要做孩子的主。并且这不是溺爱，而是尊重孩子的发展规律。

2. 不能满足的事情，和孩子充分沟通，尽量替代

有的时候，孩子的要求家长无法满足，这个时候不要粗暴地批评孩子，而应该和孩子充分沟通，并想办法来替代孩子的这种需求，让孩子能够接受这种替代。这个时候家长切忌粗暴地镇压，幼儿因为年纪小，还不能用自己的语言来恰当地表明自己的感受，往往会用哭闹来表达自己的情绪，如果家长因为烦躁而发脾气，幼儿就会更加害怕，反而不利于其安全感的形成。

相反，如果家长能够和孩子充分沟通的话，并想到替代方法，这个问题的解决还是不难的。

3. 给孩子创造一个整洁有序的环境

朋友有一句口头禅就是："快去找找东西在哪儿？"而不是"去把某某东西拿出来。"为什么呢？因为她自己的东西总是没有固定的位置，她也习惯了随手一扔。所以每次需要什么东西的时候都要到处翻找，她的孩子也经常将东西随手一扔，全家人经常为找一件东西而焦头烂额。

　　而另一位朋友做事很有秩序，家里也整理得整洁清楚，他的孩子也学着家长的样子，虽然年纪小，东西大多数都能归位，很少丢三落四，一般拿出去的东西都能一样不落地拿回来。

　　我们需要锻炼孩子物归原处的能力，并且做到以身作则，不要给孩子一个纷乱的家庭生活环境，而是要给孩子营造一个整洁、有序的家庭环境，东西都有各自固定的位置，这样让孩子头脑里更加清楚，这也有利于以后孩子逻辑思维的发展。

15. 模仿敏感期：0~3岁

鹦鹉学舌

静静2岁的时候，妈妈教姐姐念儿歌，静静在旁边玩。妈妈教姐姐一句，静静就在旁边跟着重复一句，她一边玩玩具一边跟着说，没过几天，自己也能背出了。一次，妈妈领姐姐去口才班学习，因为静静在家没人看，就领着静静一起去了，静静听到里面的朗读声，非要进去跟着读，甚至打开门直接闯了进去。令老师和家人哭笑不得，连哄带劝地将静静拽了出来。

一个听众跟我说，自己的女儿3岁了，特别迷恋小马宝莉，很多剧集的小马宝莉的台词几乎都能模仿下来，而且家里买了许多小马宝莉的玩具和冰箱贴。很多小听众也喜欢模仿"沈闯姐姐故事会"的节目开头，他们喜欢喊："听故事喽！听故事喽！听沈闯姐姐故事会喽！"

1岁半的莉莉一次看到小朋友坐到地上了，大家都哈哈大笑，然后她就开始模仿这个动作，不断地往地上坐，每次坐到地上后，自己

扫一扫，听语音！

都哈哈大笑。

14个月的衡衡喜欢玩电话机，他会模仿大人打电话的样子，拿起听筒，不断按键，再拉拉电话线。

敏感期解读

这个阶段实际上是孩子认知能力发展的过程，也是一个学习和培养社交能力的过程。当两个小朋友在一起，一个露出了微笑，另一个也模仿这个小朋友同样露出了微笑，这实际就是一个交往的过程。孩子就是在不断模仿的过程中，来形成自己的生活经验，从而将这种经验内化成自己的一种技能。

其实，孩子从出生开始，就已经开始学习和模仿了。他们会模仿家长及小伙伴的言行举止，他们也在用模仿来验证自己的能力，表达自己的爱。如有的孩子模仿妈妈化妆的样子，把口红涂得满脸都是。她实际想做的是，我也可以像深爱的妈妈一样努力。孩子模仿爸爸打电话的样子，也是希望自己能够和爸爸一样，帅帅地打电话。小伙伴之间的相互模仿，是因为他们喜欢或者觉得有趣。

瑞士心理学家皮亚杰认为，儿童认知的发展是一种智能的转换过程，具有阶段性的特点。一种新的能力不是凭空出现的，而是从早期的能力中变化、发展来的。他认为，儿童最先开始的就是把外部的信息直接学过来。心理学家们还发现早期经验对儿童的认知发展具有很重要的影响，早期的不良经验是儿童以后智力发展相对迟

缓的重要原因。

可见，模仿阶段对孩子的认知能力的发展至关重要。当孩子想要模仿一些事情时，在安全的前提下家长尽管让孩子模仿就好。

家长要以身作则

孩子在这个阶段喜欢模仿，尤其喜欢模仿家长的言行。家长就需要以身作则，给孩子提供优秀的模仿对象。

1. 对于孩子希望模仿的内容，尽量提供便利条件

我的一位儿童心理学专业的朋友就非常愿意满足孩子模仿的需求，她的宝宝很喜欢模仿大人做菜，她就专门为宝宝在网上买了一套儿童厨具，让宝宝充分进行模仿和玩耍。宝宝看妈妈在写字，也想一起写，我这位朋友就拿来纸和笔，让孩子在纸上尽情涂画。

2. 尽量说标准的普通话，听优质故事

家长在孩子面前，尽量说标准的普通话。小孩子都喜欢听故事，所以，家长应选择声音动听、发音标准的主播讲的内容优质的故事。这些都对孩子语言的发育和成长至关重要。

3. 打造整洁、有序的家庭环境

尽量把家里营造得干净整洁，这就要求家长要养成物归原处、及时整理的生活习惯。孩子在整洁的环境中，耳濡目染家长良好的生活习惯，就会自然而然地养成良好的整理和收纳的习惯了。

16.关于细小事物的敏感期： 1.5~4岁

寻找小蜗牛

3岁的毛毛非常喜欢下雨天，每次雨后，他总要跑出去，然后到处寻找小蜗牛，每次他还真能找到好多。妈妈跟在他的身后，要不是毛毛说哪里有蜗牛，妈妈还真的不知道雨后小区里竟然会有这么多只蜗牛，而且大小不一。每当这个时候，毛毛总是非常兴奋，他会蹲下来仔细观察蜗牛，还用小手摆弄蜗牛。

扫一扫，听语音!

除了喜欢看蜗牛，毛毛还对其他的小东西格外感兴趣，他总能发现大人发现不了的东西。例如，地上趴着的蚯蚓、妈妈衣服上的奇特图案、小蚂蚁、小卡片、小水钻等。细小的东西总能引起他的关注和兴趣。

敏感期解读

当孩子对细小事物非常感兴趣的时候，就表明到了细小事物的敏感期。一般这个期间出现在1岁半到4岁，孩子会热衷于观察和摆弄细

小的东西。一个图案、一只蚂蚁、一张纸片、一颗水钻、一块石头、一个贝壳……都会让孩子摆弄半天。在成人眼里微不足道、轻易忽视的小东西，都是孩子们爱不释手的宝贝。这个期间是培养孩子专注力、观察力和探索力的重要时期。

培养观察力

观察力是构成智力的主要成分之一，培养观察的兴趣对促进孩子观察力的发展是十分重要的。所以在孩子处于细小事物敏感期时，不要打扰或阻止孩子，虽然这个期间，孩子因为非常沉迷于对细小事物的观察与互动，会让大人很不耐烦，但我们大人也应该尽可能地表示出耐心，让他们尽情观察。其实，如果我们能够静下心来，跟着孩子的眼睛去观察，也许我们能看到自己平时看不到的世界，也能够让自己得到放松。

儿童通常喜欢活的、动的东西。例如，他们会喜欢看蚂蚁、蜗牛、蝴蝶、蜻蜓等，那么就多带孩子去绿地中、去郊外，让孩子在大自然中蹲下身，仔细观察这些细小的、生机勃勃的生命。

儿童喜欢色彩鲜艳的东西。他们会喜欢观察娇艳的花朵，喜欢看妈妈或者老师身上鲜亮的图案，会仔细摆弄色彩亮丽的玩具。

劳累了一周的爸爸妈妈们，天气暖和的假日，可以选择风景秀美的郊外带孩子进行放松。天气寒冷的时候，可以领孩子去看看演出、艺术展等。引导孩子观察周围的事物，如萌芽的小草、清晨的露珠、

搬家的蚂蚁、美丽的松塔等，也可以在自家的阳台上，和孩子一起撒下种子，种一种植物，看着它破土而出、发芽、长高、开花……这个过程也和孩子一起记录下来，共同观察和感受生命的过程。

一起来探索

我们可以利用这个期间，和孩子一起来探索这复杂且美丽的世界。这时，我们家长不妨使用"发现教学法"。

"发现教学法"是布鲁纳早在20世纪50年代提出的。这种方法能培养人本身的兴趣，利用好奇、探究的心理，引导孩子主动发现和解释问题，帮助孩子掌握探索解决问题的方法。使用这种发现教学法有益于幼儿的长远发展，因为这个时候，幼儿是主动的学习者，首先幼儿对某个细小的事物产生了浓厚的兴趣，然后自发、主动地与这个事物进行接触，从而产生相互作用。此时，如果成人在旁根据幼儿提出的问题，进行相应的引导，可以使幼儿快乐地学习和探索，幼儿学到的知识远比传统传授式教学的言传身教要理解得更深。因为这是幼儿亲身从事、亲身探索、仔细思考后，学到的知识。更可以说，这个过程所学到的不仅仅是表层的知识，更是获得了一种探索科学的方法和精神。

而通过不断的发现和探索，能培养幼儿的独立性，使其能更有自信、更快乐地面对及适应这个大千世界。

在不断地观察细小事物，不断地与细小事物相互作用的过程中，

幼儿不断实践和探索，从而获得自身的经验和知识。

例如，孩子喜欢看蜗牛，知道雨后蜗牛很多，那么家长就可以问孩子："为什么雨后有这么多蜗牛呢？"也许这个时候，孩子会给我们很奇特的答案，也许孩子会说不知道。那么，家长就可以领孩子去查找网络，找到蜗牛雨后多的原因。这个过程一定要家长和孩子同时进行，下次再有双方都无法解决的问题时，孩子就会说："上网查查吧。"这其实是教给了孩子一种方法。

17. 执拗敏感期：3~4岁

我就要那个

一次去朋友家里做客，朋友3岁的女儿刚刚睡醒，朋友给她穿衣服，不知怎么不合心意了，小女孩不高兴地大叫一声。朋友无奈地说："我这闺女最近脾气可大啦，一不如意就大喊大叫，特别难伺候。"

扫一扫，听语音！

过了一会儿，小女孩想要自己的公主娃娃玩具，就让妈妈去给她拿，她妈妈此时正在和我说话，就顺手拿了另一个娃娃玩具递给小女孩，小女孩不肯，就一直说："我要那个娃娃，我要那个娃娃！"朋友说："宝贝，妈妈在和阿姨聊天，你先玩这个吧。"小女孩就大嚷起来："我不，我不，我就要那个，我就要那个娃娃，我现在就要那个娃娃！"

朋友觉得非常尴尬且无奈，当着我的面，又不好发脾气，只能进屋去拿了那个公主娃娃出来，小女孩这才罢休。朋友苦着脸说："你看看，现在一点不满足她，她就这样，这是咋回事啊？别是出什么毛病了吧？"

敏感期解读

进入了"执拗敏感期"的孩子大都表现得很犟，甚至有些蛮不讲理，在此期间，他们我行我素，不愿意服从大人的指令。

为什么会出现这样的情况呢？

这个阶段，孩子的自我意识开始逐步形成，他们不希望被管制和束缚，希望自己具有掌控自我和某种事物的能力，通过不断地抗拒大人来完成自我意识的建设，他们在不断的拒绝和对抗中来锻炼自主能力。

美国著名的精神分析理论家埃里克森（Erikson）提出儿童早期（2~4岁）的主要发展任务是获得自主感，克服羞怯和疑虑。这一阶段如果顺利度过的话，将有利于儿童对未来社会秩序的适应；如果不能顺利度过，就会产生对自己的羞怯和对他人及生活的疑虑。

别和孩子一样犟

那么这个时候家长该如何去做呢？

1. 别和孩子一样犟

我想谁都不希望自己的孩子将来唯唯诺诺，毫无主见，没自信，总是那么羞怯吧。这就需要家长在孩子自我意识形成时，给予孩子充分的理解和接纳。千万别和孩子一样犟。曾经有一位爸爸和我说："这么小就这么混，长大了还得了？我生养得了他，他就得听我

的！"看看，多么严重的家长作风倾向啊！孩子在这个期间的表现并不是对家长的不尊重，而是自我意识建设的过程。所以，家长这个时候千万别和孩子一样犟，应该尽可能尊重孩子的意见，培养孩子的自主意识，一些不涉及原则的事情，大可以尊重孩子的意愿。

2. 提升孩子的语言表达能力

我们看到许多孩子有时哭闹，问他怎么了，也不说，就是不停哭闹，结果令大人更为恼火，到最后难免以大人的一顿咆哮及孩子的满腹委屈而告终。孩子这个时候不说，是因为他还说不出来，在情绪很激动的情况下，有的孩子不具备清晰表达语言的能力。所以，家长无法理解孩子的需求和不满，导致家庭暴力的产生。

在孩子平静后，家长需要和孩子进行一个温暖且有效的沟通，问孩子哪里觉得不高兴，如果孩子不能回答，不妨给孩子一些选择题。

一次，女儿想穿一条白裙子，可是我们觉得那条裙子实在太脏了，需要洗 洗，就没有让她穿，她就开始哭。哭了好长好长时间，真的是非常漫长，问她为啥非要穿那条裙子，她也说不出来，就是哭，还在地上打滚。

后来等她情绪平复后，我就抱着她说："那条裙子已经很脏了，你为啥要穿出去啊？多难看啊！"女儿抽抽搭搭地说："我就是想在家里穿着跳舞……""哦，那你为啥不告诉妈妈，你只是想在家里穿呢？""嗯，嗯……我不知道。"我明白了，孩子不是不想说，而是不知道该怎么说，说不出来。自从明白了孩子的哭泣原因后，以后在

遇到同样的问题时，我尽量慢下来，让孩子说出原因。

3. 遵守规则

尽量满足孩子的要求不代表没有原则和纵容。该遵守纪律就遵守纪律，如看电视的时间、按时吃饭、睡觉时间等。涉及孩子的内心建设及生活习惯时，绝对不能妥协。

18. 性别和出生的敏感期： 3~5岁

妈妈，我从哪里来

记得我小的时候，总喜欢问大人一个问题，那就是："我是从哪来的？"爷爷奶奶总回答说："你是从垃圾堆里捡来的。"大人还会绘声绘色地说："一天，经过垃圾堆，有个小孩在哭，看着可怜，就抱回来养了。"我就信以为真了。小时候，城市建设还不完善，家旁边就有垃圾堆，我每次经过那里总要仔细看看有没有小孩在里边。那时候有一个捡破烂的老头儿，总是在垃圾堆里翻捡废品，我就想：这个老头儿一定是捡到了挺多小孩的。

扫一扫，听语音!

可是，后来我发现妈妈的回答和爷爷奶奶的不同，妈妈的回答是："你是我生的啊！"我问"从哪里生的？"我妈妈就会说："你是从我胳肢窝生出来的。"我就会看看自己的胳肢窝，哇！好神奇，原来胳肢窝还能生小孩。后来，妈妈和我说生我的时候肚子很疼，又看到有挺着大肚子的阿姨，我就确信了，原来孩子是从肚子里生出来的，生孩子的时候，肚子会裂开一个大口子，把孩子生出来。哇！那

是真的可怕。

前阶段，我的一个朋友也和我聊到了这个问题，说4岁的女儿总是问自己是从哪里来的，我问："你是怎么回答的。"朋友的回答是："爸爸和妈妈想要一个小天使，于是就天天盼望，于是你就来了。"朋友的女儿又问："我是从天上来的？那我从天上是怎么下来的呢？"这个时候，朋友就不知道该怎么回答了，就会胡诌一气。朋友问我，这个时候该如何回答孩子呢？

5岁的朵朵最近对小哥哥尿尿产生了兴趣，每次她都很好奇为什么哥哥是站着尿尿的，哥哥的尿是怎么出来的呢？于是，每当大自己2岁的哥哥去卫生间尿尿的时候，她就总喜欢去看，想仔细看看小哥哥尿尿的过程，可是每次大人都不让看，搞得朵朵很不高兴。

在爸爸洗澡的时候，4岁的静静总想进去看，她想看爸爸洗澡的样子，可是家里人觉得不好，所以爸爸每次洗澡都把门锁上，静静就在外面使劲地敲门，非要进去看她。她一边敲，一边大哭，对不让看爸爸洗澡非常不满。她不明白，妈妈洗澡的时候她可以看，自己洗澡的时候大人也能看，为什么爸爸洗澡的时候，就要把她关到外面呢？

敏感期解读

3~5岁时，孩子进入了性别和出生的敏感期，他们会对出生的问题感兴趣，也会注意到男、女的不同。在这段期间，儿童会形成对自己性别的认识。一个针对3~5岁儿童的研究发现，学前儿童有没有关

于生殖器的知识，对区分性别具有显著作用。

性别认同对个体的心理发展有着重要的意义，绝大多数人的性别认同与生理上的性别是一致的，因而，能适应正常的社会生活，安然接受自身的性的特征。如果性别认同产生障碍，就不能平静地适应社会生活。

很多人认为，性教育应该在孩子青春期的时候进行，对于学前儿童教一些性的知识太早了。实际上，性教育不只是性的生理教育和性行为教育，还包含着形成儿童正确的性心理，防止造成性压抑的全面教育。

早期性教育应该包含什么呢？

（1）正确认识人类的性别，爸爸是男人，妈妈是女人。

（2）安然接受自己的性别，坦然认识异性的生理差异。

这个时期顺利度过后，能为以后正常的异性交往、和谐处理正当追求性行为和恪守性道德之间的关系打下基础，能处理好性的问题，既不会性压抑，也不会性放纵，能和谐、快乐地处理两性关系。

和孩子说说男孩和女孩的区别

当孩子问自己是从哪里来的时候，不必遮遮掩掩，我们可以想一个艺术性的回答来应对孩子的提问。

一次女儿在走路的时候问我："妈妈，小宝宝是从哪里来的？"

我说："当妈妈和爸爸非常想有一个自己的小宝宝时，爸爸就

会在妈妈的肚子里种下一粒种子，这粒小种子慢慢长大，就是小宝宝了。"

其实，这个时候我还真的捏了一把汗，如果孩子问我，这粒小种子是怎么种到肚子里的，我还真不知道怎么回答。可是孩子只是高兴地"哦"了一声，就不再追问了，想来是我的这个回答已经很好地解决了她的这个疑问。

孩子的想法非常单纯，问题解决了，也就不多想了。以后，她又问过我几次这个问题，我也都是这么回答，每次她都满意地点点头。

1. 不要阻止孩子对性别的好奇

孩子对性别产生了浓重的兴趣，很想知道异性的身体是什么样子，这是孩子对性别开始学习的阶段，这个时候家长不需要阻止，性并不是肮脏的、猥琐的，这是大自然的产物。家长可以坦然让孩子看看自己的裸体，当孩子了解了身体的不同之后，孩子就不会再琢磨了，就会把注意力转移到其他未知的、感兴趣的领域了。

2. 适时开始"隐私"教育

在孩子了解了身体的不同之后，家长需要适时进行"隐私"教育。告诉孩子现在可以看爸爸妈妈洗澡，那是因为咱们是家人，外人是不能给看的，而且内衣盖住的地方都是自己的隐私部位，别人不能看，也不能碰。如果发生了这样的事情，一定要回家告诉家长。

3. 可以给孩子看一些性别方面的绘本

绘本能够结合图片和文字对知识点进行丰富、生动的介绍。选

择一些经典的幼儿性教育绘本讲给孩子听。里面包含性知识，还包含性别保护内容。如《小鸡鸡的故事》《乳房的故事》《小威向前冲》等。这些绘本可以帮助爸爸妈妈将不知如何解释的性问题图文并茂地讲述给孩子，可以帮孩子解决心理的疑惑，进行性别的初步科普，而且还能让孩子们认识自己，建立保护自己的安全意识。

19. 人际关系敏感期：3~6岁

我要和小朋友玩

小展是一个活泼可爱的小朋友，上了中班之后，每天放学后都不肯走，非要和小朋友在幼儿园旁边的小操场玩一会儿不可。吃完晚饭，也一定要妈妈带她出去和小朋友玩。

扫一扫，听语音!

忽然有一天，小展起床后，说什么都不想去幼儿园了。爸爸妈妈问了半天也没问出来。后来，通过和幼儿园老师的沟通，知道是小展的一个好朋友最近生病没来幼儿园，而恰巧小展因为课堂上调皮，被老师没收了贴画。小展觉得老师不喜欢自己了，而且在幼儿园又没有好朋友的陪伴，所以感觉自己受到了忽视、冷落。在大人看来，可能这些事情并没有什么，但是对于正处在人际关系敏感期的孩子来说，这些却是很大的痛苦。了解了原因之后，老师及时表示了对小展的喜爱，其实很简单，就是摸摸她的头，抱一抱她，她表现好的时候及时表扬，小展就变得开心了，马上又和其他小朋友开心地玩了起来。之后，再也没有说过不想去幼儿园。

曾有人做过儿童情绪方面的调查，问幼儿最怕什么，中、大班幼儿的普遍回答是："最怕老师不喜欢我""最怕没人和我玩""最怕小朋友不和我好""最怕爸爸妈妈不高兴，不喜欢我""最怕爸爸妈妈吵架"。

可见，儿童的情绪情感与社会性交往有着密切的关系。在家人、老师的关爱下，在小朋友的陪伴下，孩子的社会交往能力会得到很好的锻炼，当孩子出现一些矛盾的时候，也尽量让孩子自己解决，从而锻炼其社会性。

敏感期解读

3岁前，儿童的喜怒哀乐主要从生理需要引起。从3岁开始，就会从满足生理需要向满足社会性需要过渡了。这也表明孩子开始进入人际关系敏感期。4岁以后，社会性的需求越来越大，孩子要求与别人交往，希望被重视、关爱和肯定。

联合国儿童基金会与国家教委1990—1994年合作项目"幼儿园与小学的研究"也表明：幼儿入学准备主要是学习准备与社会性适应准备，儿童的社会适应性与学习存在显著的关系，这表明儿童的社会性适应方面存在的问题将在一定程度上影响儿童在学习方面的表现。

在儿童的人际关系敏感期，如果人际交往能力得到良好的培养，就可以为儿童的人际交往打下良好的基础，有利于社会性的形成和发

展，对其将来步入社会的人际交往产生重要的影响。

鼓励孩子交朋友和适当进行行为指导

儿童的人际交往，主要是与家长的交往，与老师的交往，还有就是与同伴的交往。影响儿童人际交往的主要是同伴间的交往。

小明是一个中班的男孩，他非常喜欢和小朋友玩，但又经常和小朋友发生矛盾，虽然本着让孩子自己解决问题的原则，但是最近，幼儿园的老师不得不找小明的家长来解决问题了。原来，小明经常用暴力来解决问题，他经常推、踢小朋友，把别的小朋友弄哭，每天幼儿园的老师都要看着他，生怕他又打人。

人际关系敏感期是儿童亲社会行为及攻击性行为活跃发展及改善的时期，如果孩子出现了攻击性行为，应对其进行有针对性的指导。

1. 要让孩子学会分享

教孩子把自己的吃的、玩的，分享一部分给小朋友，好东西一起吃，玩具可以借给小朋友玩，也可以互相交换好吃的东西。

2. 充分利用游戏

在孩子们的游戏中，每次都会有规则，孩子们会自己制订规则，并服从规则，如果自己的孩子太任性，家长要适当地引导其学会合作。

3. 锻炼孩子的语言表达能力

当孩子发生攻击性行为时，很多时候是孩子动手比动嘴要快。所以，家长需要培养孩子用语言解决问题的能力。如，"我不高兴了""请你把某某玩具还给我"等。

20.完美敏感期：2~4岁

我就要吃完整的苹果

一位妈妈在群里诉说了自己的苦恼："孩子4岁半，突然变得特别任性，想要什么或者干什么必须要达到目的，不然的话就大吵大闹。我不愿妥协，又不敢和她对着干，好尴尬！"

扫一扫，听语音!

我请这位妈妈举一些具体的例子，她说："孩子吃苹果，非要完整的，可是一个苹果她又吃不了，把苹果切成小块给她，她就不高兴。有一天，她想去游乐场，我觉得我有事不大方便，就和她商量说明天行不行，孩子就不答应。还有一次，她拉完粑粑叫我帮她擦屁屁，我正在忙就让爸爸去，她就哭得稀里哗啦，非要我去擦。平时一点点小事情就能把她惹得号啕大哭。"

我问这位家长为什么"不敢对着干"呢？

她回答："我想，是不是又是什么心理发育的关键时期，担心强扭着会影响孩子的心理发展。"

这位家长还真是一个学习型家长，必须为她点个赞！

孩子在2~4岁的时候，会进入一个敏感期，叫作"完美敏感期"。当然，具体的进入时间和长度因人而异，我们再来看几个家长曾经说过的事例。

"我们家宝宝最近脾气大得不行。有时候他就是想要整个的东西，如果你给他半个，他就直接把那半个扔到地上了。如果不给他整个的，他就气得不行。怎样能引导他，让他知道那样是不对的，或者告诉他不是所有的东西都是父母能给得了他的呢？"

"我的孩子在2岁的时候，也有这样的情况，每次进门的时候，门必须由他来开，他来关。如果不忙的时候吧，还觉得挺好玩的。可是大人在很忙的情况下，孩子这样就真的很崩溃！"

"我女儿最近是完美敏感期啊，前几天去吃自助餐时，可以让小朋友免费做蛋糕，她做好之后拿回座位时，不小心把蛋糕的边弄得不平整了，就为这点瑕疵，哭闹不停。"

敏感期解读

很多父母在孩子有这种表现时，会以为这是孩子任性，或是孩子太偏执，其实这是孩子完美敏感期的表现。在此期间，孩子对事物的完整性、秩序性、整洁性等有较高的要求。他们会因为物体（主要是食物、玩具）的残缺、破损，或者某些东西没有放到"合适"的位置，某件事情的顺序做错了而焦躁、哭喊。

这段时间，孩子在形成一种"完美自律"的力量。如果这段敏感

期能够顺利度过，将来孩子就会在学习和工作中努力做到更优秀，会要求自己更认真、更细致。如果这段时间家长总是过多地批评和拒绝孩子，那么孩子的内心就会痛苦和困扰，这对孩子的身心发展也极为不利。

巧对宝宝完美敏感期

那么，这段时间家长需要怎么做呢？

1. 尽量满足孩子对完美的需求

知道了完美敏感期的存在后，家长们心里一定都放松了吧。是的，这是很正常的一种表现。如果我们不是非常费劲儿的话，就不妨尽量满足孩子对完美的追求。对于上文中的例子，孩子想要完整的苹果，家长就可以买小一些的苹果，这样就可以给孩子完整的苹果了。孩子想让妈妈来擦屁屁，那妈妈去擦就好了。

2. 用游戏力让孩子学会变通

家长又会想，如果一味顺从孩子的话，会不会使孩子特别任性，并且会偏执于这种完美，做什么事情都一根筋，不会变通了呢？毕竟平时很难做到完美。

是的，当我们无法或者很难满足孩子的完美心理时，我们需要灵活且变通地进行处理。

例如，吃饼干时，饼干却是碎的。那就对孩子说："你看，这块饼干像不像一颗星星？我们一起把这颗星星吃掉吧。""咱们好好想

啊，这块饼干像什么？想出来之后啊，咱们再一起把它吃掉！"

通过游戏力的方式来转移孩子的注意力，让孩子学会在不完美中找到解决的方法、变通的乐趣。

3. 温和且坚定地拒绝

对于实在无能力为或者破坏规矩的事情，家长需要温和且坚定地拒绝。

例如上文中的事例，孩子想去游乐场，家长又没有时间，孩子就不依不饶、大哭不止。这个时候，家长温和且坚定地告诉孩子原因就好了，孩子心里不舒服，必定会大哭，此时我们就安静等着孩子发泄完心中的不满即可。因为毕竟我们一般还是尊重孩子的意愿的，所以这种无能力的事情，家长可以拒绝，渐渐地孩子就会懂得为他人着想了。

总之，儿童在成长的过程中需要家长给予他们接纳、理解及温暖的情感，记住，家长的标准不一定适合孩子，家长想当然的选择，也不一定是正确的。顺势而为、因势利导，育儿路上就会多些快乐，少些烦恼。

21. 婚姻敏感期：4~5岁

妈妈，咱俩结婚吧

4岁半的小明非常喜欢妈妈。一天晚上，他又吵着要和妈妈睡。爸爸说："不行，今晚妈妈得和我睡！"

扫一扫，听语音!

小明不高兴地问："为什么？"

爸爸："因为她是我老婆，我当然要和老婆睡觉了。"

小明一听，就抱住妈妈说："妈妈，咱俩结婚吧！"

爸爸和妈妈笑得前仰后合，然后逗小明："小孩子是不可以结婚的哦。"

小明扬起笑脸，坚定地说："那等我长大了，我要和妈妈结婚。"

爸爸说："你妈妈和我结婚了，怎么和你结婚？"

小明不服气地说："妈妈能和你结婚，为什么不能和我结婚，我也要和妈妈结婚。咱们都和妈妈结婚！"

我已经不喜欢他了

5岁的静静和5岁的球球是在妈妈们的聚会上认识的，两个人一见面就玩得很好。球球很喜欢静静，在公园玩的时候，静静穿了两条裤子，感觉热了，要脱下一条，球球竟然学着自己妈妈的样子，蹲下来帮助静静脱下鞋子和裤子。旁边站着的妈妈看得直吃醋，笑着说："哎呀，我这儿子可从来没这么伺候过我啊，都是我这么伺候他的。"

后来，两个人买了雪糕，静静的雪糕不小心掉了，就大哭起来，球球说："你别哭了，我把我的给你吧。"静静和静静的妈妈都大为感动。

可是，小孩子的心理变化得也很快。过了几个月，球球对静静就没有那么关心了。有几次家庭聚会，静静还是想和球球玩，可是球球却对其他的小男生更感兴趣，不太愿意和静静玩了。静静很伤心，妈妈问："你为什么非要和球球玩呢？"静静说："因为我喜欢他呀，将来我还想嫁给他呢。"妈妈说："可是球球好像更喜欢和别的小男孩玩。"静静说："没关系，我能和他玩就行。"

一次，静静不知道说了什么话激怒了球球，球球非常生气，冲着静静就是一拳，静静马上哭了起来。经过双方家长的协调，球球道了歉，两个孩子又和好了。

可是，经过这次事件，静静妈妈非常担心，担心自己的孩子对

感情过于执着。过了一段时间，妈妈们又要聚会了，妈妈问静静想和哪个小朋友玩，静静这次竟然把球球排到了最后一个。妈妈很吃惊地问："你怎么不把球球排到第一位了？"静静说："妈妈，我已经不喜欢他了。"妈妈问："为什么？"静静回答："因为他不喜欢我，而且还打过我，所以我想找其他小朋友玩了。"妈妈终于舒了一口气，孩子在这个期间已经学会不执着于一份感情，知道如何去付出和收回一份爱以保护自己。

敏感期解读

婚姻敏感期一般出现在孩子4~5岁的时候，这个时候，孩子对组合开始探索，而婚姻组合是离孩子最近的一个组合，所以就开始对婚姻进行探索。同时，这也是孩子对自身和异性的一个新认识的开始。这时，儿童的人际情感不断复杂化，并获得多种情感依托的表现。孩子眼里的"爱"是很单纯的，我喜欢你就是爱，所以他们会毫不掩饰地说自己喜欢谁，自己爱谁，而"结婚"在他们看来，就是两个人好就可以结婚，那是一种表达喜欢的方式。

典型表现有：

（1）开始对异性表示好感。

（2）说想和某个或某几个小朋友结婚。

（3）说谁是她（他）的男（女）朋友。

（4）说想要和爸爸或妈妈结婚。

顺利度过这个阶段后，孩子会学会如何对待和处理自己的感情，初步学会如何协调和异性之间的关系，对社会的探索也会进入一个新的阶段。

没什么大惊小怪的

孩子进入婚姻敏感期后出现的各种表现，往往会让一些家长大惊失色，担心是不是自己的孩子太早熟了，会不会变坏。其实，这只是人生的必经阶段，家长泰然处之就可以了。帮孩子顺利度过婚姻敏感期，有益于孩子健全自己的情感世界，对将来和谐处理婚姻关系大有裨益。

1. 不需要曲解问题

4岁的牛牛很喜欢自己幼儿园的老师，那个老师年轻漂亮，每次上学牛牛都要给老师一个大大的拥抱，并且喜欢顺手碰碰老师的胸，还说要和老师结婚。年轻的老师刚刚从学校毕业，还没有男朋友，所以每次都被牛牛的举动搞得挺不好意思。

其实，4岁的牛牛根本没有什么更多的想法，他就是喜欢老师而已，这个时候，家长无须将牛牛的表现进行曲解，只要告诉孩子老师的胸属于老师的隐私部位，随意触碰是不礼貌的行为，每个人都有隐私部位，是不能随便让别人碰的。

2. 不要回避问题

5岁的多多想和妈妈结婚，爸爸说："你不能和妈妈结婚。"多

多问："为什么你能和妈妈结婚，我就不能？"爸爸不知道怎么回答，就说："小孩子哪有那么多问题？你长大就懂了！"

孩子对于婚姻的问题，常常让大人不知道如何回答，很多人就干脆回避了，这反倒让孩子心生疑惑，觉得这是一个应该避讳的问题。其实，家长可以大大方方地告诉孩子一些科普知识，如，有血缘关系的人是不能结婚的，那样生出的宝宝有可能是畸形儿等。

3. 无须过多的介入

一个妈妈和我说，最近自己4岁半的儿子喜欢上了幼儿园的一个小女孩，两家住同一个小区，每次自己儿子见到这个小女孩儿都非常高兴，非要一起玩儿，还送人家礼物，有好吃的也要给那个小女孩儿留着。可是那个小女孩儿明显不喜欢自己的儿子，总是爱搭不理的，搞得孩子不开心。妈妈开始犯愁，这可怎么办呢？是帮忙还是阻止呢？孩子是有着情绪的自我修复能力的，家长无须过多的介入，孩子在这个追求和被拒绝的过程中也培养了自己的抗挫折能力，以及让自己的情感世界更为丰富，很快，孩子就会自己解决这个问题，成长起来的。

4. 借助绘本的力量

婚姻生活中不是完全美满的，也有许多离异的家庭，这种家庭里孩子的婚姻敏感期该如何度过呢？不妨借助绘本的力量。如《我的爸爸叫焦尼》，这本书没有写父母的离异，只写了儿子和父亲相见之后的短暂相处，一切都是那么自然、温和且充满了爱。《我喜欢安妮》

中则描写了瑞奇喜欢安妮的各种小心思、小羞涩等心理状态。弗洛格系列里的《爱的奇妙滋味》中，描写了弗洛格喜欢上小鸭子之后的那种心跳的感觉。这些绘本用充满温情的语言描写了社会及孩子婚姻敏感期的表现，让孩子能够产生共鸣，以及感受到身边的爱，而且，这些绘本对于大人也有很好的治愈和帮助作用，大人会恍然大悟，原来事情并没有如此复杂，一切都是自然的力量。遵循自然，保护孩子心中的爱才是重要的。

22.身份确认的敏感期：4~6岁

"我是艾莎！"

一次口才课上，来了一个5岁的小女孩，小女孩总是怯怯的样子，我问她："你叫什么名字啊？"她看着我，小声说："艾莎。""艾莎？"我笑着看她的妈妈，她的妈妈说："这孩子特别喜欢冰雪奇缘里的艾莎，就总说自己是艾莎。"哦，我知道这是孩子的身份确认的敏感期，于是就和她说："艾莎，来，咱们上课吧。"这个小女孩就乖乖地跟进来，坐好，上课了。以后，我就一直叫她艾莎，其余的同学也叫她艾莎。她很喜欢这个名字。

艾莎真是女孩子们都很喜欢的一个卡通人物，另一个班里的女孩也喜欢让别人这么称呼自己，这个女孩5岁，叫宁宁，她的性格和上面提到的小女孩截然不同，是那种非常活泼、大胆，极为热情的孩子，每次上课当我叫她"宁宁"的时候，她都会不高兴地一扬脸，瞪着眼睛、虎着脸跟我说："老师，叫我艾莎，我是艾莎！"这个时候，我就会很抱歉地说："哦，宝贝，对不起，我忘了你是艾莎了。

扫一扫，听语音!

艾莎，请你坐好。"她就高兴地继续上课了。

我是奥特曼

一天，女儿从幼儿园回来，在路上遇到了一个小男孩，这个小男孩是女儿的幼儿园同学，见到女儿后就邀请女儿到他家去玩。到了他家后，发现家里有几个奥特曼的面具，男孩子和女儿玩的时候，不时会做几个奥特曼的典型动作，模仿得非常像，嘴里也发出和电视里的奥特曼一样的声音。他妈妈说："哎呀，我这儿子就是喜欢奥特曼，每次见到奥特曼的东西就想买，天天都在模仿奥特曼。"这时，小男孩儿戴上了奥特曼的面具，开始摆出奥特曼的经典动作，不小心踩到了我女儿的脚。女儿大喊："你干吗踩我？"小男孩说："我没踩你！"女儿："你就是踩了，把我踩疼了！"两个孩子马上就要剑拔弩张地打起来了。我笑着说："哦，奥特曼可是一个很好的绅士呢，会保护女孩子的哦。"然后，我对女儿说："公主都是愿意原谅别人的哦。"两个孩子一听这话，立马表示道歉和原谅，然后又开心地玩了起来。

敏感期解读

孩子在4~6岁的时候，会进入身份确认的敏感期，他们会喜欢一个或几个偶像，喜欢扮演某种角色，有可能是一个卡通人物，也有可能是动物或者医生、老师等某种职业。如，超人、小马宝莉、白雪公

主、艾莎、奥特曼等。

通过不断的模仿和演练，孩子的经验得到了积累，从而形成自己的人格特征。同时，通过沉迷于喜欢的角色，获得一种愉悦的精神感受，从而滋养心灵，获得满足。

进入身份确认敏感期的孩子有以下典型表现：

（1）非常喜欢角色扮演，会不断模仿这些角色的动作、语言，穿上相应的服饰等。

（2）会自己创造出一些与这些角色相关的服饰、对白、动作等。

（3）喜欢和小朋友一起设计一些角色的台词，设计一些社会场景，并沉迷其中。

（4）角色不是一成不变的，会喜欢几种角色或者几个偶像。

巧用"身份确认"

在这个阶段，大人该怎么做呢？

1. 根据经济状况，满足孩子的需求

有一个听众告诉我，自己的闺女特别喜欢小马宝莉，迷得不行。她希望拥有所有小马宝莉的东西，除了小马宝莉的娃娃、绘本，还买了许多小马宝莉的冰箱贴。这位家长给我发来两张照片，一张是小女孩坐在一堆小马宝莉娃娃的中间，正玩得不亦乐乎；另一张是冰箱上贴满了各式小马宝莉的冰箱贴。哇哦，各式各样的小马宝莉，真是让

我眼花缭乱啊！

在身份确认的敏感期，孩子们通过心仪角色的不同产品来满足自己心理上的学习需求，充分感受角色的各个方面的不同内容，从而内化成孩子自己的东西。

在这个过程中，家长可以根据自己的经济情况，尽量满足孩子的相关需求。

2. 不限制孩子的角色扮演，给孩子一个尽情发挥的空间，让孩子心灵得到滋养

当孩子沉迷于某种角色之中时，家长不要去干扰及限制孩子们的发挥。我小的时候，非常喜欢扮演仙女，总是把家里所有的纱巾都披在身上，然后翩翩起舞，我想象自己变成仙女，当我的身体与纱巾共同旋转时，我觉得我在飞舞，那一刻的感觉是如此美妙和幸福。每次都无比陶醉和愉悦。我们的孩子在进行角色扮演时，也是相同的感受，而这个过程就是一个很好的心灵滋养的过程。

一次，我的女儿和她的表姐一起在房间里随着音乐起舞，她们各自穿了一条大人的长裙子，快乐地把裙摆旋转起来，不断兴奋地舞着。我的妈妈看见了，就翻出家里的纱巾或者美丽的帽子给她们戴上，孩子们玩得更开心了。

3. 巧用"身份确认"

孩子在这个时候充满了想象力，他们喜欢把自己想象成自己喜欢的人物，也愿意在行为上和这些偶像相一致。我们不妨利用这些来告

诉孩子什么是正确的，帮孩子养成良好的习惯。

一次自驾出行中，5岁的女儿总喜欢在车里站着，对于高速行驶的车来说，这是多么危险啊！说了她几次，她都是坐一会儿又站起来了。我说："你不是特别喜欢公主吗？"她说："是啊！"我说："你现在就是一个公主，正坐在一辆漂亮的马车里，你穿着蕾丝长裙。公主是非常高贵并且懂礼仪的，是不可能在马车里站起来的，会一直很端庄地坐着呢。"女儿一听，马上就端庄地坐着了，在接下来的路程中，真的一直稳稳坐着。

中途到休息区去吃饭，孩子的碗里剩了许多饭粒。我说："咱们做个游戏，你现在是采珠人，饭碗里的饭粒就是一颗颗晶莹剔透的珍珠，你要用筷子把这些珍珠都捡到你的肚子里，我看看你能不能把珍珠全都放到肚子里。"闺女一听，就来了精神，拿起筷子，开始飞快地打扫自己的那个沾满饭粒的碗，没一会儿，她就高兴地举着空碗大叫："妈妈，你看，珍珠全都到我的肚子里啦！"

23. 情感敏感期： 4~5岁

爱哭鼻子的静静

　　5岁的静静是一个很活泼的女孩子，凡事敢于尝试，做事也够大胆，以前常常被家人夸奖很坚强。可是，自从静静上了大班之后，就成了"爱哭精"。有的时候，大人说话的语气稍微重一些，静静的眼泪就会流下来。这不，静静做完作业后给妈妈检查，妈妈把不对的题用红笔画了出来，静静一看没全对，这眼泪就吧嗒吧嗒掉了下来。妈妈不解地说："静静，妈妈也没批评你啊，你怎么又哭了？"静静也不回答，只是自己在那里抹眼泪。过了一会儿，静静的情绪好了，就又跑出来和妈妈玩儿，好像什么也没有发生一样。

扫一扫，听语音!

　　静静幼儿园里有一个同学叫浩宇，他非常喜欢静静，每次看到静静都喜欢紧紧地拥抱一下她，有的时候还会使劲儿亲静静的脸蛋。可是静静并不喜欢这种表达方式，浩宇的妈妈也告诉过他小朋友不喜欢这种友好方式，你可以换一种啊。浩宇虽然答应得好好的，但总是忘记，见到喜欢的小朋友，还是愿意用拥抱和亲吻来表达自己的心情。

5岁的小米和爸爸妈妈在外面散步，她拉着妈妈的手说："妈妈，我真爱你，这世上最爱你的人就是我了。那你爱我吗？"

妈妈说："爱呀！"

小米又问："那我和爸爸，你爱谁？这世上你最爱的人是谁呢？"

妈妈："最爱的人是你，我们小米！"

小米的小脸蛋上露出了满足的笑容："这就对了！"

这样的对话，最近经常在这个家庭里展开，小米总是问爸爸妈妈是不是爱自己，也会对爸爸妈妈表达自己对他们的爱。她总是不断地用语言表达自己的爱，也不断地向爸爸妈妈索取爱的表示。

她不和我玩

有一次，我在一个小型游乐场里看到这样一个女孩子，大约4岁，她想和其他小朋友一起玩儿，可是每次在玩的时候，稍微有些不愉快，她就嘟嘴不高兴，有的时候甚至会大哭几声，搞得其他小朋友都不想和她玩。小朋友们都是口无遮拦、心无城府的，见这个小女孩儿闹过几次之后，就说："我们不想和你玩了！"这个小女孩儿一听这话，立刻哇地就哭了，然后跑到一旁的妈妈身边，希望得到妈妈的帮助。

她的情绪非常激动，说不出话，就是抓着妈妈的手哭，并希望得到妈妈的拥抱。妈妈虽然清楚是怎么回事，但她不希望孩子只会用哭来表达情绪，就说："你不要总哭，哭不能解决问题啊，你说话，告

诉我是怎么回事。"

　　小女孩儿只是一个劲儿地哭，说不出话。母女俩就在那里僵着，后来，女孩儿好不容易才说："妈妈，她们不和我玩儿。"然后又开始失控地大哭。妈妈的脸色更加难看了，因为在游乐场里，只有这个小女孩儿在大哭不止，别的小朋友都玩得好好的。其他的家长也都用诧异的眼神看着这对母女。妈妈甩开女孩儿的手，说："你不能一遇到问题就哭个没完啊，你自己去找小朋友吧，妈妈帮不了你。"一听这话，这个小女孩儿哭得更伤心了。

敏感期解读

　　大家可能会发现，孩子在3岁多之前每天很乐观，也不是那么爱哭。可是到了4~5岁之后，很多"爱哭精"就会涌现出来，尤其是小女孩儿居多。他们往往因为一点小事就会泪水涟涟，弄得大人心力交瘁，怎么变得这么爱哭了呢？是心理哪方面没有照顾到，以至于产生了不安全感吗？

　　还有的孩子在4~5岁时，非常喜欢用亲吻、拥抱等热情的方式来表达自己的感情。他们还总是喜欢用语言询问父母对自己的爱，每次都希望爸爸妈妈用很肯定的语言表达对自己的爱。

　　这些表现都说明孩子已经进入了"情感敏感期"。在这期间，儿童的认知水平和对情绪的理解水平都有了一定的发展和提高，他们开始逐渐体验到他人的情绪感受，对他人情绪的敏感性开始增

强，其情感指向的事物在不断增加。一些以前不能引起幼儿情感反应的事物，开始引起了情感体验，所以孩子们就会表现得比以前爱哭，更情绪化。

情感敏感期对孩子理解他人情感、培养情绪自控力、锻炼与他人的沟通能力及亲社会能力都比较重要。

家长们在此期间该如何去做呢？

1. 大声、明确地告诉孩子"我爱你"

孩子在这个阶段已经能够掌握用语言表达自己情感的本领，他们的内心也同样渴求大人在语言上明确的爱的表达。多次大声、明确地表达自己对孩子的爱，可以让孩子在心灵上得到更多爱的滋润并获得安全感。许多观察和研究都证明，愉快、和谐的家庭氛围以及父母、亲人的长期关爱，有助于儿童形成活泼、开朗、自信的性格。

2. 不要过多斥责孩子的哭泣行为

在此期间，孩子对他人情绪的敏感性加强了，大人的一个皱眉或者不满，孩子都会深深感受到，自己信赖和深爱的父母对自己的一个不满的眼神都会刺痛孩子娇嫩的心灵，这一刻他们会觉得无助和惭愧，眼泪就这样夺眶而出。这个时候，大人若用更加严厉的口气命令他们不许哭泣，幼小的孩子就会觉得更加恐惧和痛苦。长此以往，孩子就容易形成自卑、懦弱、胆小怕事的性格，甚至会影响孩子的智力发展。所以，家长可以开导孩子，并帮助孩子进行情绪管理，但不要斥责孩子的哭泣行为，这个时候，他们更需要父母温

柔的心灵呵护。

3. 尊重孩子的情绪体验，提供有效帮助

在情感敏感期，成人应该努力成为儿童树立良好的情绪控制的榜样，不要动辄就大发雷霆，或者总是唉声叹气。这些都会给孩子的情感体验和情绪管理带来负面的影响。家长应该与儿童多多交谈，用自身的经验或者绘本故事帮助孩子有效认识自己的情感，并让孩子宣泄情绪体验，告知孩子符合社会规范的情绪表达方式。如，当别人不喜欢拥抱和亲吻的时候，我们可以用送礼物或者问候等话语来表达自己的喜爱。当自己很郁闷的时候，也可以学习用语言或图画来表达自己的负面情绪，而不是用哭闹来表达。

4. 鼓励同伴交往

在和同伴交往的过程中，孩子们往往压力较小，并能通过不断的沟通和互动来锻炼自己的社会性和亲社会能力。孩子之间相互学习、关心、嬉戏，这些都对孩子的情感体验，情绪管控能力的提高有促进作用。

我的邻居中有个5岁的小女孩儿，晚上和小区的孩子一起出去玩的时候，发生点小矛盾，她总是哭得最大声的那个，而且几乎每次和小朋友一起玩都要大哭一场。每次哭完，她都会吵着回家，这个时候家人会和她谈心，下一次家长照样还是鼓励孩子和小朋友们玩耍，并且家长也在周末的时候会尽力安排她和其他小朋友一起出去游玩。随着年龄的增长，这个女孩子已经能够很好管控自己的情绪，出落成一个懂事的小女生了。

24. 社会规范敏感期：2.5~6岁

爸爸，不要闯红灯

明明今年6岁，是个刚刚上一年级的小帅哥。一天下午，爸爸来接明明放学，然后要去上一个培训班。在一个路口，看没有太多车，为了抓紧时间，爸爸就在红灯的时候骑了过去。明明说："爸爸，你怎么闯红灯了呢？不要闯红灯，那是不遵守规则的。老师今天刚刚讲过了，不能闯红灯。要在绿灯的时候才能走呢！"爸爸说："你看这路口车不多，再说赶时间，咱们闯一次没关系。"明明嘟着小嘴说："反正闯红灯就是不对，老师说了，闯红灯是不对的！"

4岁的好好和小朋友们一起玩的时候，经常会拿出家里的糖块和小朋友们分享。而且，她会说："大家排好队，然后才能领糖块。"小朋友们就会乖乖地排好队，然后好好就兴高采烈地给小朋友们分糖块。如果有的小朋友不排队，她就会像小大人一样说："你得排队，赶快好好排队！"好好的一举一动都像一个小大人，她也很享受这种感觉。

扫一扫，听语音!

老师，他多拿贴画了

毛毛在读幼儿园的中班，是个很有正义感的小家伙儿。上课的时候，老师规定积极发言的小朋友可以得到一张贴画，孩子们都踊跃举手、积极发言。课间的时候，老师让发言的孩子排队选一张贴画，轮到小明的时候，他很难取舍，就撕下来2张贴画。毛毛看到了，马上跑到老师跟前，指着小明说："老师，他多拿贴画了。"毛毛眨了眨小眼睛，然后指着小丽说："老师，小丽也多拿了。"

像这样告状的事情经常在幼儿园里发生，当有一些孩子不遵守老师制订的规则时，有很多小朋友都会马上去"揭发检举"。

还有一个有趣的现象，很多幼儿园的孩子在班级里受到别的小朋友"伤害"后，即使正在号啕大哭，只要对方说一声"对不起"，孩子就会马上止住哭声说"没关系"，然后事情就会结束。

4岁的洋洋带了一个非常漂亮的小兔子玩偶来幼儿园，帅帅很想玩这个小兔子，就跑到洋洋旁边一下子把小兔子抢了过去，洋洋急得大哭起来，然后跑到老师那里一边哭一边说："老师，帅帅把我的兔子抢走了。"老师赶紧让帅帅把兔子还给洋洋，洋洋还站在那里不肯走，老师明白了，就让帅帅向洋洋道歉，帅帅说："对不起！"洋洋脸上还挂着泪，说："没关系。"然后，两个人就各自去玩了。

敏感期解读

儿童2.5~6岁这个期间是社会规范的敏感期，他们开始逐步拥有规范意识，有了和他人沟通的意愿。

这个期间，孩子的道德标准是绝对服从权威制订的规则，他们认为规则就必须服从，而不会考虑到这个规则是否合理。因为他们服从了规则，就能得到他们想要的，并且避免了惩罚。他们服从规则，并且也要求别人服从这些规则，并从这些规则里维护自身的利益。例如，洋洋在得到帅帅的道歉后才肯离去，就是她认为做错事就该道歉，而自己就应该得到帅帅的道歉，这才是对的，是公平的。

在儿童社会规范的敏感期期间，作为家长和老师该如何去做呢？

1. 给孩子明确的规则和界限，这样孩子才会更有规则感和安全感

要让孩子明白规则是什么，什么能做，什么不能做，渐渐养成良好的生活习惯，并遵守合理的社会规范。

3岁半的敦敦吃饭的时候总是边吃边玩，妈妈觉得有必要纠正一下他的吃饭习惯，就每次告诉他吃饭的明确时间以及分针指到哪里的时候吃饭的时间就结束了。吃饭时间结束后，直到几点才是下一顿吃饭的时间，这期间，如果肚子饿也没有饭吃。开始敦敦还毫不介意，照样边吃边玩，妈妈就按照规则做事，到点就撤饭，到下次饭点前绝不再给敦敦吃东西，不管敦敦怎么哭闹都没有吃的，几次下来，敦敦就明白了规则，能够好好吃饭了，这之后，妈妈再没有因为孩子不吃

饭的事情而操过心。

敦敦妈妈的做法就是给了孩子明确的规则，孩子心里清楚了，就能够按照规则去做了。当然，很重要的是规则制订了就要去执行，家长要言出必行，否则就无法形成规则意识。

2. 以身作则，给孩子做好榜样

家长要做好榜样，同时也要给孩子树立很好的遵守规范的样板。我在上课的时候，每次维护秩序就是用这种树立榜样的方法，这种方法的效果极佳。当孩子比较兴奋，有点喧闹的时候，如果大喊："安静，不要吵了！"一般效果甚微，这个时候我会说："看，某某小朋友非常遵守纪律，坐得笔直，而且特别安静。我看现在谁的纪律好？"这么一说，孩子们就会马上安静下来，把小手放到膝盖上，后背挺得直直的，小嘴巴闭得严严的，这就是榜样的力量！

3. 开始进行礼貌教育

家长应该鼓励孩子问候他人、使用文明用语，培养孩子的社会公德心，引导孩子理解社会规范，学习社交礼仪。

例如，家里来了客人要热情招待，给客人端上茶和水果；客人走时要送到门口；不要随手扔垃圾，垃圾要放到垃圾袋里；遇到长辈要主动问好；外出购物时要排队，等等。

第五章

培养学习兴趣的敏感期

25. 审美敏感期：3~5岁

爱臭美的小雪

小雪自从上了幼儿园之后，再也不是那个妈妈给穿啥就穿啥的小屁孩儿了。妈妈给她打扮漂亮后，她会美滋滋地到镜子前去照半天，然后再美美地走来走去。她也会对服饰提出自己的要求，小雪非常喜欢穿裙子，于是每天上学都要求妈妈给她穿裙子，即使是很冷的天气，她也想穿上裙子。于是，冬天的时候，妈妈就会把裙子套在毛衣毛裤的外面。她还喜欢各种发卡，在家里的时候也喜欢玩装扮的游戏，总是把丝巾、发卡什么的武装到自己的头发上，然后美美地沉浸其中。

扫一扫，听语音！

小雪对妈妈的化妆品也非常着迷，每当妈妈化妆的时候，她一定在旁边目不转睛地看着，还问这问那。

"妈妈，这是什么？"

"这是眉笔。"

"哦，妈妈，我可以试试吗？"

"不行，宝贝，小孩子是不可以化妆的。"

"那我可以试试这个口红吗？"

"不行哦。"

"为什么？"

"因为你会不小心把口红吃到肚子里的。"

"妈妈，我保证不吃。"

"嗯，宝贝，还是不行。"

"妈妈，那让我涂一下指甲油吧，我看我们班的琪琪就涂了指甲油。她妈妈让她涂的，我就涂一个指甲可以吗？"

……

这样的对话，经常在妈妈和小雪之间展开，当妈妈不能满足小雪化妆的愿望时，她就会非常失望和沮丧。

一次，小雪回家后很高兴地告诉妈妈幼儿园要演出了，然后就很期待地问妈妈："妈妈，我演出的时候可以化妆吗？"

"可以，妈妈还要给你准备漂亮的演出服呢。"

"太好啦，我可真期待那一天啊。"小雪充满期待地说。

敏感期解读

审美能力是一种特殊的、情感上的认知能力。3~5岁是儿童审美的敏感期，尤其以4岁左右最为明显。这个时期的儿童开始能区分美丑，他们热爱音乐、绘画、文学、自然……他们用心灵拥抱一切美的事物。他们愿意看动画片、看表演、听故事、朗诵儿歌等。女孩子也

开始注重打扮，而且女孩子的审美能力发展要快于男孩子。

美国心理学家加德纳注意到，儿童审美能力的发展与道德判断发展的阶段非常相似。由此，可以得出结论，审美能力的发展与社会道德的发展是相互联系的。

关于审美能力，加德纳认为，尽管受到遗传因素的制约，但个体仍然可以通过后天的教育形成正常的审美感知能力。

从外在美到内在美的培养

在这段敏感期，女孩子非常注重自己的外表打扮，她们都希望自己像公主一样优雅、美丽。曾经有一位妈妈和我说，自己的女儿很爱美，也很喜欢穿裙子，孩子爸爸担心孩子过于注重外表，就尽量不让孩子穿裙子，所以爸爸和孩子经常会因为这件事而闹矛盾。

我认为，孩子爸爸的担心是合理的，过于注重外表可能会导致孩子滋生贪慕虚荣的心理。不过在这件事情上，大人也不用过于紧张和压制。爱美之心人皆有之，追求美好的事物是人的本性，从小培养审美意识也是素质培养的一种。毕竟，即使满腹经纶，但如果衣服搭配得乱七八糟，难免会给自己减分不少。

我觉得在女孩子爱美的时候，大人不需要去打压，而是利用孩子爱美的心理，进行正确的引导。

1. 告诉孩子什么是真正的美

真正的美是内在美和外在美的统一体。拥有善良心灵、优雅举

止、不俗谈吐、得体衣着、真诚幽默的人，很多人会觉得美。

女儿在审美的敏感期总喜欢穿公主裙，我没有去阻止，但我跟女儿这么说："宝贝，真正的美需要内在美和外在美的统一。内在美才是最主要的，妈妈觉得内在美的比例是70%，外在美只占30%，或许更少。现在的你外在已经很美了，更需要的是去获得内在美。我们去幼儿园就是好好学习，来获得自己的内在美。"到了小学后，女儿就不再要求穿公主裙了，也不在热衷打扮，反而觉得戴发卡很麻烦，也要求发型是马尾就好，因为这样简单方便，这说明女儿的审美敏感期已经过了。

2. 教孩子穿恰当的衣物

如果去运动，那适合的衣着是裤子和运动鞋，这个时候就不要穿长裙和皮鞋，因为不利于运动；如果去参加正式的音乐会，就要穿小礼服，太休闲的服饰就不适合了。在不同场合适当着装也是公关礼仪的一种培养。

3. 学会节俭

如果经济允许，孩子需要有几件漂亮的衣服，女孩子需要有漂亮的公主裙，来满足她们对美的需求。但是也不需要过多购买新衣服，以免浪费。

培养孩子发现更多的美

在审美敏感期，孩子们很愿意去欣赏美的事物。这里不仅仅是

服饰的美，还有音乐的美、绘画的美、语言的美、自然的美。所以，这个时候多领孩子去大自然中走一走，多看看蓝天、白云、山峦、海滨，闻闻花香、听听雨声。多去听听音乐会，欣赏各色画展，经常吟诵经典，看看妙趣横生的儿童剧。并告诉孩子，华丽的衣服虽然是美的，但是辛勤的汗水更加美丽。

这些都会有效帮助孩子培养审美的能力，当孩子的眼中看到了艺术之美、自然之美，心灵自然就会受到美的陶冶，社会道德方面也会得到良好的发展。

26. 逻辑思维敏感期：3~5岁

"为什么"不离嘴

4岁的小明非常喜欢问"为什么"，例如，"为什么要吃青菜？""为什么我没有一直在妈妈的肚子里？""为什么会下雨？"……

扫一扫，听语音!

各种"为什么"总是一股脑儿地抛出来，父母最怕的就是单独带小明一整天，那样准会被小明的"为什么"给弄疯。

3岁多的丽丽刚刚听妈妈讲了"猴子捞月"的故事，小脑袋瓜里就冒出了许多的问题。"水井里为什么能看到月亮？""猴子为什么要捞月亮？""月亮为什么还在天上呢？"……妈妈回答了之后，马上又会冒出另外一个问题。

鹏鹏正在玩玩具，妈妈说："鹏鹏，先不玩了啊。"

鹏鹏："为什么？"

妈妈："咱们要出门。"

鹏鹏："出门干什么？"

妈妈："去看姑姑啊。"

鹏鹏："为什么要看姑姑？"

妈妈："姑姑生了小宝宝，你不想去看小宝宝吗？"

鹏鹏："想看想看！姑姑为什么会生宝宝？"

妈妈："……"

敏感期解读

3~5岁这个阶段是孩子的逻辑思维敏感期，这个阶段的显著特点就是非常喜欢问"为什么"，这里一定要指出的是，逻辑思维敏感期并不代表着孩子已经具备了逻辑思维，事实上，逻辑思维在学前晚期才刚刚开始萌芽。

而我们这里指的"逻辑思维敏感期"是说，儿童的思维方式在往逻辑思维发展。孩子之所以喜欢问"为什么"，是因为他们在追寻一种"因果"关系。

1.5~2岁，儿童开始产生思维，那么什么是思维呢？思维就是概括性、间接性地解决问题。

学前儿童的思维方式是这样发展的：直觉行动思维、具体形象思维、萌芽状态的抽象逻辑思维。

有人对3~7岁的儿童进行了一项实验，要求儿童想办法利用杠杆来取得用手拿不到的糖果。第一种，桌子上放着真的杠杆，儿童能以直觉行动思维来解决问题，即拿到糖果。第二种，提供杠杆的图画，儿童可以利用具体形象思维思考。第三种，既没有实物，也没有图

形，只是用口头语言布置任务，儿童必须在语言的抽象水平上思考。实验表明，三种思维方式随着年龄的增加而提高。直觉形象思维发展得最早，而抽象逻辑思维直到5岁后才开始出现。

儿童逻辑思维的发展，主要表现在判断推理能力的发展。较复杂的判断推理则反映着事物间的因果、时空、条件等的关系。其中，因果关系是最基本的。儿童问为什么，就是在寻找这种因果关系。通过这种因果关系的思考和寻找来储备经验，促进逻辑思维的产生和发展。

保护好这份好奇心

了解了儿童思维的发展规律，家长既不能拔苗助长，也不要破坏孩子这份宝贵的好奇心。

1. 耐心回答孩子的每一个"为什么"

思维是认知的核心（陈帼梅、冯晓霞、庞丽娟著：《学前儿童发展心理学》北京师范大学出版社）。

孩子充满了好奇，孩子在积极地思考问题，他们这个时期非常喜欢探索。学前期，孩子的思维迅速发展。孩子什么都想知道，他们有着旺盛的求知欲。家长和老师要保护好这份好奇心和求知欲。尽量认真回答每一个"为什么"，如果不知道就说自己不知道，不能随便敷衍。

2. 带给孩子科学的思维习惯

"授人以鱼不如授人以渔"，当我们不知道问题该如何解答时，

不妨和孩子一起去寻找答案。孩子在逻辑思维的敏感期经常会问许多问题，当我们答不出来时，可以说："妈妈也不知道，咱们一起去找答案吧。"之后带领孩子上网一起寻找答案。并且告诉孩子，网上的答案五花八门，自己也要学会辨别。

3. 多问孩子一些"为什么"

我们可以引导孩子多多思考，让他们的小脑袋瓜动起来。

4. 多带领孩子去开阔视野，培养孩子的感知和记忆能力

儿童的逻辑思维不是孤立发展起来的，逻辑思维是要经过直觉行动思维、具体形象思维之后才产生和发展起来的。家长多带孩子去接触各种事物，多感受、多学习、多记忆，背诵诗词儿歌、欣赏演出、尽情游戏、欣赏大自然、动手动脑去完成手工，自己的事情自己做等，这些都能丰富孩子的感知能力和记忆能力，更有利于儿童逻辑思维的发展。

5. 切忌拔苗助长

我们了解了孩子要到5岁之后，逻辑思维才刚刚开始萌芽。那么家长就可以充分接纳孩子一些问题上的"笨拙"，如他们可能知道5+2=7；却不能一下子就理解2+5=7；他们不分左右，不理解好人身上也会有缺点，等等。随着年龄的增长和不断的学习，孩子的逻辑思维就会得到发展。这些小问题、小笨拙就会迎刃而解了。所以，家长朋友们，不要心急，不要责骂，耐心愉悦地陪伴孩子成长吧。

27. 色彩敏感期：3~4岁

好喜欢涂色啊

邻居有两个小女孩儿总上我家来玩。妹妹3岁，姐姐快5岁了。两个人都非常喜欢涂色。一到我家，除了和我做游戏，就是两个人一起涂色。她们会在各种图案上涂上自己喜欢的颜色，每次涂色的时候，都那么专心致志。小眼睛盯着画纸，小手在不停地涂着，她们对各种颜色的名字也烂熟于胸，会提出自己要涂什么颜色的要求。姐妹俩非常享受这个涂色的过程，一涂色就可以很安静地涂上几十分钟。

扫一扫，听语音!

有的时候，还会因为涂色而产生小矛盾。姐姐因为大一些，所以涂色涂得很均匀，而且还可以涂到那些线条里面。妹妹年龄比较小，每次都会把颜色涂出线条。一次，姐妹俩正在涂色的时候，姐姐对妹妹说："你涂得真不好，总涂到线外面。"妹妹听姐姐这么一说，"哇"的一声就哭了，看样子，自尊心受到了很大的损伤。我连忙抱住妹妹，对姐姐说："妹妹还小啊。再长大一些，手就有力量了。再说，我觉得妹妹涂得很好呢！"姐姐没有说话，继续专心地涂色。过

了一会儿，妹妹的情绪平复后，就又拿起彩笔，开始专心涂色了。

我要粉色的

处于色彩敏感期的孩子们对颜色格外敏感，也会对某个颜色比较执着和喜爱。

女儿小时候非常喜欢粉红色。每次买东西，我让她自己选的时候，她总是会选择粉红色的东西。气球要粉色的，衣服要粉色的，书包要粉色的，文具盒也要粉色的，简直就是一个粉色控。

有的小男孩也会喜欢粉色。敦敦今年4岁，上中班，一次，老师给小朋友发软尺奖品。软尺有蓝色的和粉色的，发到敦敦的时候，老师看敦敦是男孩子，就给敦敦一把蓝色的软尺。

敦敦说："老师，我想要粉色的。"

老师一看，粉色的已经没有了，就说："抱歉，敦敦，粉色的已经没有了，只有蓝色的了。"

敦敦很不高兴，一甩小手说："我就想要粉色的！我就想要粉色的！"

老师说："那没有粉色的了，蓝色的你还要不要？"

敦敦一抱肩膀，翻了一下小眼睛，生气地说："我不要蓝色的，我不喜欢！"

老师就继续给其他的小朋友发奖品了，敦敦一看一会儿自己连蓝色的软尺都得不到了，就委屈地找到老师说："好吧，老师，给我蓝

色的吧。"

　　婴儿出生不久就能够辨别彩色和非彩色。有人曾经做过实验，在3个月的婴儿面前放2个不同颜色的圆盘。一个是彩色的，一个是灰色的。结果发现，婴儿注视彩色圆盘的时间是注视灰色圆盘的时间的2倍。这说明，婴儿不仅能够区分彩色和非彩色，而且他们喜欢彩色。

　　4~8个月的婴儿喜欢红、橙、黄等暖色，喜欢明亮的颜色；不喜欢蓝、紫等冷色，不喜欢暗淡的颜色。

　　当孩子们的小手能够拿起画笔的时候，他们就会非常痴迷于涂色和涂鸦。孩子用色彩来表达自己对世界的认识以及自己的心声。色彩还可以带给他们许多想象的空间。因为他们的语言表达能力还不够强大，认识自己情绪的能力也不足，他们更倾向于用画笔来表达自己的心声。他们会用颜色来表达自己的想法，颜色也为他们的想象插上了翅膀。

　　所以，他们痴迷于色彩，痴迷于涂色。每个孩子用色的方法都不同，这也就说明了孩子的独特性。

让孩子的世界多姿多彩

1. 告诉孩子颜色的名称

让孩子多接触各种颜色，同时告诉孩子颜色的名称。如，指

着雪，就说"白色的雪"或者"白雪皑皑"；告诉孩子，那是"蓝天""红气球""粉裙子"，等等。这样，有利于孩子辨色力和语言能力的提高。

2. 给孩子一个尽情涂色的空间

只要是有孩子的家庭，我们就会发现，或者是墙，或者是桌子，肯定有孩子勾勒或者涂色过的地方。他们特别喜欢拿起彩笔，到处写写、画画。但是到处涂涂抹抹也实在让家长吃不消，所以，为了不限制孩子的想象力，又可以保持家里的整洁，不妨给孩子营造一个专属的空间去涂色、绘画。我在北京通州区上过一段时间的课，在那所学校的走廊上，有一块专门让孩子们涂鸦的白板。小孩子们一到课间，都喜欢到那里去画画，他们喜欢画出一个图形，然后在里面极富耐心地涂上自己喜欢的颜色。

3. 给孩子们多看优秀的绘本和美术作品

许多优秀绘本的绘图都有风格，它们的色彩搭配也各具特色。我们发现孩子们更喜欢看颜色鲜亮的绘本，而不太喜欢黑白色彩的绘本。

有一次，我带女儿去绘本馆挑选绘本的时候，特意拿了一本设计很独特的黑白绘本给她看。她翻了翻说："妈妈，我不喜欢这个，我喜欢有颜色的绘本。"

大人可以经常带孩子去书店、图书馆、绘本馆或美术馆，让孩子在众多的各具特色的美术作品中选择自己的最爱，让这些优秀作品中

的色彩和图案给孩子更好的熏陶。

4. 满足孩子的色彩需求

当孩子非常喜欢各色画笔、沉迷于各种涂色的时候，家长要尽量满足孩子的要求。色彩可以给他们无上的喜悦。女儿中班的时候，一位朋友送给她一套蜡笔，女儿如获珍宝一般，紧紧抱着。回到家后就用这套画笔画了许多图案，虽然画的东西在大人看来堪称是"乱七八糟"的，可女儿自己并不觉得，仍然幸福地沉浸其中，用色彩在表达着自己对世界的认识，用色彩宣泄着内心的感受。许多小女孩还会把自己心爱的娃娃涂上色彩，如娃娃的口红是红色的，眼皮上有闪闪的眼影等。

28. 绘画敏感期：2~5岁

画画真快乐

我们开读书会的时候，一般讲完故事都会发给孩子们彩笔，给孩子们一个主题，让孩子们去画。这个时候，有的孩子会依据主题去画，有的孩子则是天马行空地画。不管他们画什么，他们大多数都很喜欢拿起画笔来进行绘画。

扫一扫，听语音!

秋雨4岁了，在幼儿园上小班，她喜欢各种彩笔，就让妈妈买了好多。自己在家的时候，她喜欢用这些彩笔画来画去。家里有一块小黑板，有的时候，秋雨也会在小黑板上进行绘画创作。她很喜欢用小手拿起一根彩色铅笔，在黑板上画一个圆，然后添上眼睛、鼻子、头发等。

茗茗5岁了，他非常喜欢画画，经常拿起画笔随意地涂鸦，涂鸦的时候，眼神是那么专注，一画能画好长时间。一次，他还给爸爸、妈妈和自己画了一张全家福，每个人的表情和神态都是惟妙惟肖的。妈妈看了很高兴，不过，总觉得哪里不对劲儿，原来妈妈的头发和爸爸及茗茗的一样短，都是板寸。于是，妈妈说："茗茗，我的头发太

短了！我是女的，不想要这么短的男孩发型哦。"茗茗说："那我改一下。"三笔两笔改好了，给妈妈看："妈妈，我把你的头发加长了，你看，都到耳朵后了。"妈妈看了，非常喜欢，特意把儿子画的这张全家福当作自己微信的头像。

敏感期解读

学前儿童用眼睛看到了许多景物、事情，内心产生了各种感受，他们就通过绘画将这些看到的、想到的表达出来。儿童绘画是自身的需要，他们发自内心地想去绘画。因为在绘画的过程中不仅能感受到自己的创造力，还能将自己的内心感受表达出来。当孩子们发现自己可以通过手臂的运动而画出各种线条和形状，还可以用色彩来使头脑中的画像置于眼前时，他们会感到非常激动和满足，从而使他们更加热爱画画，而且可以很长时间地沉浸其中。

处于绘画敏感期的孩子具有神奇的绘画能力和图形创造能力，他们的灵感永远不会枯竭，只要拿起画笔，就能画出各种妙趣横生、充满想象力的图画。

一定要画得像吗

还记得一次开读书会之后，我们还是给孩子们发了画笔和白纸，让孩子们画一幅给妈妈的画。大多数孩子都高兴地画了起来，有的画了彩虹，有的画了娃娃……可是，有两个女孩却坐在那里没有动笔，

一副愁眉苦脸的样子。我走过去，问她们怎么不画。这两个孩子都轻声说："我不会画。""我没有学过，画不像。"看到别的孩子尽情陶醉于绘画之中，让自己的想象力在纸上飞舞，这两个孩子的家长也急得不行，再怎么鼓励，两个孩子都不肯动笔。

其实，哪有孩子不热爱画画的呢？孩子绘画的本事根本不用学习，可是为什么孩子不肯动笔呢？那是因为大人在孩子开始动笔的时候，无意之间打压了孩子画画的信心。例如，要求孩子们要画得像，或者必须要按照老师或家长要求的去画。让孩子觉得自己画不像就会受到批评，从而不愿意去打开自己想象的大门了。

儿童在绘画敏感期大多会经历这样几个阶段：

1. 涂鸦期（2~3岁）

有的孩子在1岁半的时候就进入了涂鸦期，这个期间孩子的手腕还不够灵活，手指也不能进行许多精细动作，所以他们画出来的线条都是杂乱无章的，如果没有孩子的解释，可能大人都不知道孩子画的是什么。

2. 象征期（3~4岁）

象征期也叫"命名的涂鸦期"，即给自己画的内容赋于一定的名称。孩子们常画一些圈圈，有大圈，也有小圈，还会模仿大人写字的动作。而且大多数并不是先有主题再画画，而是边画边有了想法，所以我们会看到孩子边画边说。还有的是画完之后，再赋予一定的名称及意义，而这些又是可以改变的。当孩子画完一幅画的时

候，我们可以在不同时间问孩子画的是什么，这时就会发现，孩子们的答案往往是变化的，可能开始说的是云彩，过一会儿又说是鲜花了。

3. 定型期（4岁后）

定型期又称图示期，这个时候孩子们的画才开始有些像所画的对象了。孩子们的手臂肌肉和手部肌肉发育到了一定程度，他们能够更有力地控制手中的画笔，画出的线条更加规则。所以，在这个时期，孩子的大多数作品就可以被大人所理解了。

因为手臂的大肌肉比手腕的小肌肉发育得要早，所以孩子是先会画线条，然后是圆圈，最后才是点。所以，家长不要着急让孩子画得像，实际上，4岁前的孩子也很难做到画得像。在绘画敏感期，重点还是要保护和发展孩子的想象力。这个期间，不要用成人的眼光去判断孩子的画，而是培养和保护孩子的创造力，并鼓励孩子通过图画尽情发挥天马行空的想象力。

读懂童画

儿童画除了能表现孩子的创造力和想象力，还能够展现孩子的心理活动及智力水平。关注儿童画，读懂儿童画，对于及时了解孩子的心理状态，协调亲子关系都很重要。

女儿在4岁的时候，带着她去美术班试听，那个美术班的老师引导女儿画窗外秋天的景色，那天的课堂上还有一个小女孩一起画画。

这个小女孩是那个培训班的老生，对老师和教室都很熟悉，画的图形比较大，整张纸几乎占满了。女儿画的图案则比较小，才占了纸张的四分之一。老师说："看来孩子没有放开呀。"因为女儿不熟悉那里的环境，就比较谨慎，所以画出来的画也是小小的。

在看儿童画的时候可以从画画的顺序、大小、细节处理、色彩等方面来了解孩子的心理。

一般来说，孩子通常会先画心目中最重要的人。如果先画妈妈，就说明孩子特别爱自己的妈妈，在家庭成员中，妈妈在孩子的心目中是最重要的。

如果孩子把自己画得非常大，就说明孩子非常自信，觉得自己是家庭的中心。反之，如果一个孩子把自己画得比其他家庭成员小得多，家长则要考虑一下家庭的氛围和教育方式了，因为这已经说明孩子自我感觉不是很好了。

在画人物的时候，也要注意细节。例如，父母的嘴部比较夸张的话，可能是因为觉得父母的说教比较严厉或过多。如果人物的五官有所缺失的话，则有可能是孩子对家庭的温暖度感觉不够。

儿童画中的色彩被称作"情感的温度计"，孩子们一般喜欢明快的颜色，他们往往会给自己或者妈妈的衣服都配上鲜亮的颜色。如果哪一天他们用了黑色等暗色调，就要引起重视并仔细观察和询问了，因为暗色调直接表达了孩子的暗淡心情。

总之，在儿童绘画的敏感期，家长应该给孩子足够的绘画空间和

材料，让他们尽情描绘，以促进他们心理和智力的增长。记住，这个时候，家长需要做的是帮助孩子们健康顺利地成长，而不是让他们必须掌握绘画技能。

29. 音乐敏感期：4~5岁

跟着音乐舞动

每当音乐响起的时候，我们会看到学龄前的孩子会跟着音乐快乐地舞动。他们没有经过舞蹈的训练，但是会非常自然且快乐地跟着音乐做出各种动作。

扫一扫，听语音！

静怡4岁的时候和楼里的小女孩玩儿，那个小女孩比静怡小半岁。我拿着手机放音乐给她俩听。女儿就快乐地随着音乐舞蹈，做着各种动作。那个女孩儿开始稍微有点羞涩，可是看着女儿跳舞，没一会儿也开始跟着舞动起来，两个人就这样随着音乐不停地跳啊、笑啊，感受着音乐的魅力。

静怡4岁的时候音乐创作能力超强，她能够自己哼出许多曲调，还能同时编出词来。有的时候，她会换上自己漂亮的裙子，然后边哼着自创的歌曲，边跳着自创的舞蹈。沉醉其中，乐此不疲。

敏感期解读

实验证明，出生5天的婴儿就已经具备了辨别不同频率声音的

能力。

6个月左右的婴儿听到音乐后就能做出反应，他们会把头转向发出声音的地方。

1岁时，婴儿会根据很鲜明的节奏做出动作反应。

3岁前，幼儿动作和音乐的协调能力不断提高。

3~4岁，幼儿辨别音高的能力较强。

4~5岁，幼儿在思想上能够更多感受到音乐带来的快乐，可以随着音乐进行有想象力的表演，并能打出简单的节奏。

6~11岁，进入稳定的音乐发展期。

4~5岁之所以被认为是音乐的敏感期，是因为这个阶段孩子在思想上能够更多地感受到音乐的快乐，并且可以初步打出节奏，还表现出对乐器进行学习的兴趣。

音乐兴趣的培养

有一些"五音不全"的人最怕去KTV，因为这个时候实在是太窘迫了，苦于自己的歌喉短板，只能眼看着别人成为麦霸。其实，之所以会出现"五音不全"，是因为耳朵捕捉声音不够准确，就是在小的时候没有进行大量的音乐吸收。一位朋友跟我讲，她小学的时候很喜欢唱歌，可是她一唱歌，妈妈和哥哥就说她跑调，结果弄得她以后都不敢在众人面前唱歌。

女儿在4岁的时候开始对钢琴产生兴趣，看到邻居家的哥哥姐姐

们弹琴，自己也上去按，然后跟我说想学钢琴。正好假期回老家的时候，女儿的表姐每天练琴，我就让这位表姐教女儿试试，看看孩子是否能开始学习钢琴。然而，这位表姐教的这一次课却彻底打击了女儿学习钢琴的兴趣。因为表姐完全没有教学经验，更不懂小孩的心理，教的内容对4岁的小孩子来说实在太难，方法又不得当，导致女儿大哭。从这之后，女儿再也不提学钢琴的事情。一直到5岁，才又开始跟我说想要学习钢琴，我就又带她去一些培训机构上了试听课。这次，我吸取了之前的经验教训，给孩子选了一个她喜欢的、有教学经验的老师，这才开始了学琴之路。

邻居家的女孩儿从5岁开始学习钢琴，结果这学琴的事就成了一个很严重的负担。开始孩子还挺感兴趣，后来就极力抗拒，原因是每次妈妈监督练琴，要求孩子每首曲子必须要连续弹对10遍。这个要求对孩子来说难度太大了，孩子很难完成，妈妈就非常着急和生气，女儿也非常沮丧和郁闷，最后就引起了女儿的强烈反抗，母女关系也变得非常紧张，不弹琴时是母慈女孝，一弹琴就剑拔弩张。女孩小学二年级后，就不得不把钢琴学习停了下来，这样家里又恢复了和谐的氛围。

实际上，没有孩子不对音乐感兴趣，如果在这个阶段，给孩子加上过重的音乐学习要求，那孩子必定会产生很大的逆反心理及畏难情绪，久而久之，就会失去学习的兴趣。维果斯基提出一个心理学理论"最近发展区"，他指出，给孩子们定的学习目标不能没有难度，也

不能太难，最合理的就是孩子通过努力是可以达到的，而不是努力也无法达到的。所以，无论是音乐的学习目标，还是其他的学习目标，都应适用于"最近发展区"理论。

不要在孩子学习某种乐器的时候过于强求，多带孩子去看音乐会、舞剧等演出，平时也多放一些孩子喜欢的乐曲，这些都有利于培养孩子对音乐方面的兴趣。

有一次，我带女儿去看芭蕾舞剧《天鹅湖》，优美的音乐和舞蹈吸引了剧场里的孩子们。中场休息的时候，所有的孩子都在休息区学着芭蕾舞的样子翩翩起舞。她们踮起脚尖，愉快地旋转再旋转，脸上洋溢着幸福和兴奋的笑容。女儿也吵着要学习芭蕾舞，她觉得舞台上的演员太美了。我说："宝贝，你知道舞台上的哥哥姐姐是怎么跳得那么美的吗？""我知道，他们每天坚持练习舞蹈。""对了，妈妈告诉你一句话，'台上一分钟，台下十年功'，只有每天不怕吃苦，坚持练习才能有成绩。你现在学的虽然不是芭蕾舞，但是好好练功，也可以跳得这么美的。"女儿高兴地说："嗯，妈妈，我知道了，压腿的时候虽然很疼，我也会坚持的。"

30. 书写敏感期：3.5~4.5岁

4岁的宁宁最近经常在自己画的画下面画上3个奇怪的小圆圈，妈妈问："这是什么？"他一本正经地回答："这是我的名字。"宁宁还不会写字，可是已经有了写字的意愿。他开始喜欢拿着笔在纸上戳戳点点，喜欢画出各种歪歪扭扭的线条。妈妈很鼓励他的这种做法，就给他准备了许多可以随意涂写的纸张。他经常在睡觉之前不停地画出各种点和线条，房间的桌子上、地上到处是他画过、乱扔的纸张。

扫一扫，听语音!

乐乐和哥哥相差2岁，妈妈教哥哥写字的时候，乐乐在旁边看着，也非要笔和纸，并且也要和哥哥一样学写字。妈妈说："乐乐，你还小，你才3岁，去玩别的吧。"乐乐不同意："我不，我不，我也要写字，我也要写字。"妈妈见乐乐一直吵吵闹闹，就拿了纸和笔给乐乐，然后写了一个阿拉伯数字"2"，说道："乐乐，这个是'2'，你就写这个吧。你看这个'2'像不像一个小鸭子？"乐乐开心地笑了："小鸭子，我要写小鸭子。"然后，她就在旁边认真地开始写"2"，每次写出一个像"2"的符号，她就乐得直蹦，这个"2"越写越快，很快就写满了一张纸。

孩子在3岁半到4岁半会进入书写敏感期。这个时期的表现是：孩子开始喜欢拿笔画一些小圆圈、曲线等，喜欢拿笔在纸上点点戳戳。但是，需要了解的是，书写敏感期的到来并不代表着孩子可以开始练习写字了。因为写字属于精细运动技能，要求比较精巧的协调动作，由手部的小肌肉来完成。而3岁半到4岁半孩子的手部小肌肉还远远没有发育好，而且他们根本不明白汉字的笔画和笔顺。所以，这个期间，他们只是在画字而已。他们只是开始对文字产生了浓厚的兴趣，了解到了文字可以表示某种信息。他们开始能够把文字和具体的人或东西相结合，希望也能够掌握这些文字的意义。

此时，家长需要做的就是给他们营造自由的、充分的书写空间。不需要让孩子练习写字，更不要要求孩子必须记住笔顺，否则就会拔苗助长，于孩子的手部及心理发育都不利。

锻炼手部小肌肉

上小学之后，有的家长会发现自己孩子的字总是写得不好看，而有的孩子对于书写也非常抵触。

6岁的静静上小学后比较抵触写字，老师留下的写字作业，她总是完成得不理想，字从来都不像其他小朋友那样写得工整。妈妈想让静静多练一些字，静静就大哭，她告诉妈妈"写字好累""手好

疼"，非常不愿意写字。

这些都说明静静的手部小肌肉还没有发育好，所以写字这种精细动作对于她来说难度有些大了，而且容易使手部疲劳。

家长如何锻炼孩子手部的小肌肉，为写字做好准备呢？

1. 剪纸

孩子们非常喜欢手工游戏，玩剪纸游戏有利于孩子锻炼手部的小肌肉。家长可以为孩子准备儿童剪刀，买剪纸书，也可以在纸上画好图案，让孩子来剪。

2. 穿珠子

穿珠子的玩具非常适合孩子锻炼手部肌肉，那些五彩绚烂的珠子可以穿成项链、手镯，不仅要求孩子用手部的小肌肉来完成一些精细动作，还要求孩子对各色珠子进行搭配，这在一定程度上有利于提高孩子的审美情趣。

3. 折纸

五颜六色的彩纸可以激发孩子的兴趣，家长可以带孩子用彩纸折出一些简单的形状，然后和孩子一起折，年龄小的孩子自己能完成的部分不多，所以不需要孩子折复杂的形状，简单的就好。

4. 捏橡皮泥

准备一些无毒、环保的橡皮泥，让孩子随意揉捏，也可以启发孩子揉捏一些有创意的形状。在揉捏的过程中，孩子的手部小肌肉也能得到锻炼和发展。

5. 使用筷子

曾经见到一位妈妈在和小朋友一起吃饭时，不让孩子自己夹菜，都是妈妈喂孩子吃，这个孩子快5岁了。问妈妈为什么不让孩子自己夹菜，妈妈的回答是："她用不好筷子，总是把衣服弄脏。"孩子是在不断的试错中成长的，不让孩子用筷子，孩子又怎么会使用呢？家长一定要给孩子自己练习和成长的机会。使用筷子能很好地锻炼孩子手部小肌肉，所以，家长不要怕孩子把食物弄得满身都是，而是要让孩子充分得到锻炼。

6. 拼插玩具等

拼插、搭建的玩具不仅能够锻炼孩子的手部肌肉，还能锻炼孩子的空间感、想象力和观察力。所以，为孩子多准备几套能够拼插和搭建的玩具还是必要的。

营造一个书香环境

除了上面说的锻炼孩子的手部小肌肉之外，更重要的就是营造一个书香环境。让孩子感受书写的魅力，爱上文字。

一次上课的时候，我们循例给每个组起名字，一个二年级的孩子要求自己上来写字，让我吃惊的是，他写的竟然是繁体字。我说："哇！你竟然会写繁体字？"他说："老师，我觉得繁体字比简体字更漂亮！""你是跟谁学的繁体字呢？""我妈妈喜欢书法，她经常在家里练字。"原来，这位妈妈非常喜欢书法和古诗词，就在家中的

书房里，放置了宣纸、毛笔、墨等。每天有时间的时候，就会练习书法，在长期的耳濡目染下，孩子也喜欢上了书写，他们会一起安静地书写，一起研究笔画的妙处，还会一起朗诵诗词，感受文字的音韵之美。在这样飘满墨香和书香的环境之下，孩子又怎能不喜欢汉字，不爱上书写呢?

31. 阅读敏感期：4~5岁

5岁的诺诺非常喜欢看书，每次我去上课的时候，都会看到她捧着一本幼儿园的书在看，她完全沉浸在图书的世界里。看到我来了，她会很高兴地起身给我一个拥抱，然后又坐回座位，专心看书了。上课的时候，她每次也都想把绘本放在身边，好像能摸到书就很高兴，不被允许后，才不情愿地把书放回去。课间休息的时候，她第一件事就是去书架找没有看完的那本书。因为酷爱读书，她的认字量也比同龄孩子高很多。有一次，我和她妈妈沟通，她妈妈说诺诺实在是太爱读书了，所以现在如果她做错事情，惩罚她的最好方式就是不允许今天再看书。

在给4~5的孩子上课的时候，会发现他们很愿意把自己认识的字指出来。一天，4岁半的妞妞来得比较早，她看到黑板上的诗歌，笑吟吟地指着其中的"快"字说："老师，我认识这个字。""哦？这个字念什么呀？""这个字念kuai。"她略微羞涩地回答。

"哇！好棒啊！妞妞都认字啦。看来平时很喜欢看书啊。"我略微夸张地表扬她，妞妞很高兴，抿嘴笑着，跑开了。

还记得在练习恐龙知识的小小讲解员课堂上，5岁的小宝高兴地

和我说："我知道许多恐龙呢。""哦？你知道的恐龙种类有哪些呢？"小宝开始如数家珍一般说了起来，"有剑龙、霸王龙、三角龙、鹦鹉嘴龙、马门溪龙……"哇！我很是吃惊，他竟然能记住这么多恐龙的名字，就问他："你怎么知道得这么多呢？"他神气地说："我最喜欢恐龙了，家里有许多恐龙的书，我天天看。"

敏感期解读

在4~5岁期间，孩子会进入阅读敏感期。典型表现就是很喜欢看各种绘本，对绘本里的图画有着非凡的领悟力，会迅速找到图形中的意义及里面的不同，对文字也会产生兴趣。有的孩子认字很快，这些孩子在外出时，看到一些广告牌、指示牌时，会经常询问："这个字念什么？""那个字念什么？"大人回答之后，孩子就能很快地记住了。在阅读的敏感期，家长应该给孩子们准备好充足的图书，然后每天陪伴孩子阅读。孩子就会养成爱阅读的习惯，对于文字敏感的孩子，他们的认字量也会迅速攀升。

每天来个"亲子故事会"

有的家长曾经向我咨询，如何让孩子养成爱读书的习惯，说自己的孩子不爱读书。这个时候，我就会问家长："1. 你们平时在家读书吗？2. 每天用多长时间陪孩子阅读？"许多家长的回答都是，"平时比较忙，回家就想看看电视了。没有时间看书。"或者是"平时老人

带孩子比较多，老人精力有限，领孩子读书的时间比较少。"

大部分孩子都会对阅读感兴趣，如果家长在孩子阅读敏感期，不带孩子领略到读书的乐趣，他们就会把兴趣转移到别的地方去。

我的"沈闯姐姐故事会"的名字还要归功于我的母亲。有一阶段，我的母亲同时照顾我哥哥的女儿和我的女儿，晚上临睡前，母亲就会说："故事会开始啦！"这两个小家伙就马上跳到床上，围坐在母亲身边，母亲就开始讲绘本。两个小家伙听得聚精会神，完全沉浸在故事所带来的美好之中。两个孩子现在都非常喜欢读书。

亲子阅读对于孩子读书习惯的养成是非常重要的，孩子们都喜欢依偎在亲人的身边，鼻子嗅着亲人的气息，眼睛看着绘本内丰富的色彩和图形，耳朵听着亲人温和且充满爱的声音。这对孩子来说，是多么温馨且幸福的时刻啊！就是每天这样的亲子阅读时间，会让孩子在潜移默化中养成阅读的习惯。

所以，亲爱的爸爸妈妈们，不管多忙，每天都要坚持陪孩子进行亲子阅读吧！

走远点吧，"复述"及"总结"君

记得有一次我们举办了一个活动，名字是"21天读书养成记"，就是呼吁大家每天睡前和孩子进行亲子共读，然后连续21天，以期帮助孩子养成爱读书的好习惯。

在这个过程中，很多人坚持每天在朋友圈分享孩子读书的照片和

心得。其中，有一个妈妈出现了苦恼。她说："我的儿子4岁半了，以前还挺喜欢看绘本的，可是自从我们参加了21天读书养成记，孩子现在比较抵触看书了。"

这个反馈让我大吃一惊，连忙问这位妈妈是怎么做的。这位妈妈说，为了让孩子更好地明白绘本的内容，也为了让孩子提高语言表达能力，每次亲子阅读后，她都要求孩子总结一下故事说明了什么道理，可孩子每次都说不出来。后来，晚上她喊孩子来读书，孩子就说："妈妈，我不想读书了，我不想参加那个读书养成记了，我想玩玩具。"

听了这位妈妈的话，我终于知道了问题所在。一个4岁半的孩子逻辑思维还没有形成，让孩子去总结故事的道理，那是很难的。总结需要逻辑思维，可是孩子还没有很好地形成这种思维，怎么进行总结呢？孩子做不到，就会难受，自信心受挫，当然就不喜欢那段给他带来受挫感的读书时间了。幸亏这位妈妈及早反映了困惑，否则，一直下去，孩子将会多么惧怕和厌恶读书啊！我让这位妈妈不要再提问，就和孩子一起快乐地阅读，跟着孩子的思路走，不给孩子任何负担，只是给孩子快乐。很快，孩子又开始喜欢阅读了。

无须逼迫孩子认字

在阅读敏感期，阅读的时候进行指读，可以提高孩子的认字量。可是，这里需要注意的是，也有许多孩子对文字并不敏感，他们也会

非常痴迷于听故事和阅读绘本。但是这些孩子看绘本的时候，对图片会更有兴趣，而对文字的掌握就偏慢。对此，家长不必过于苛责，也不要加大孩子认字的课程。毕竟，感受阅读带来的快乐比认字的意义要大很多。

文字敏感性强的孩子，仅靠指读，就会认识许多字；而对于文字敏感性不强的孩子，文字的输入会慢很多。家长可以在孩子5岁之后，对孩子进行一些认字上的强化，但千万不可用高压逼迫，如"这个字今天必须会认"之类的，因为即使采取高压手段，对于文字敏感性弱的孩子也收效甚微，还很可能让孩子失去对阅读本身的兴趣，得不偿失。

今天你想读哪本

在孩子的阅读敏感期，家长尽量准备适合孩子年龄段的图书，然后陪伴孩子一起阅读。这里无须家长指定阅读的绘本，而是让孩子自己选择想读的书。每个孩子的爱好不同，让他们阅读自己喜欢的书即可，给他们自主权，他们会更加热爱读书。当然，家长在这里也不是完全地放手，家长给孩子买的书应是正规出版社出版的，而且多选一些获奖图书，种类也要尽量丰富些。每次买回新的书都要告诉孩子，让孩子对家里的图书有所了解。多带孩子去书店和图书馆，让孩子自己翻看和选择图书。

创造舒适的读书环境

一个舒适的读书角非常重要。现在许多幼儿园和小学都有图书角，里面放着各种各样有趣的书籍，小朋友可以翻看和借阅，这就很好。家里也需要有一个图书角，把各种图书分类，排列得井然有序一些，然后在地上铺上毯子或者地垫，也可以有靠垫，备上足够亮度的落地灯，要保持环境的静谧性和舒适性，这样孩子就愿意到读书角去阅读了。

家长也要给孩子创造良好的读书氛围，您觉得当家长在看电视时，孩子可能安心读书吗？不会的，孩子只会被更热闹的电视所吸引。所以，除了物理上的读书角，家长也要热爱读书，全家人在某个时刻都在静静地读书，这是多么美好的事情啊！

32. 数学逻辑敏感期：5~6岁

我在上课的时候，为了促进孩子们的积极性及团队协作性，会将孩子们分成几个组，然后每个环节会对每组进行评分。最近几周，我发现6岁的小宝已经能够自己计算加法了。例如，在练习腹式呼吸的环节，我会让孩子们用一口气来数葫芦，然后排列每组数葫芦的总数。数得最多的组视为胜利。每个孩子数完葫芦后，助教老师会把葫芦的数字写到黑板上。每当这个时候，6岁的小宝就会盯着黑板，一副特别认真的样子，过一会儿他就不顾课堂纪律，大声说："老师，我知道我们组一共数了多少个葫芦了！"然后，会很骄傲且大声地说出他算出的数字。有的时候，太大的数字他计算不出来，但是也会在那里使劲儿地想着，当老师公布哪组胜利的时候，他就会说："我也看出来某某组能赢，因为他们总数多。"

6岁的成成在上学前班，最近他迷上了计算器，每天回家后都喜欢拿着计算器按来按去的。他开始的时候喜欢算加法，然后又开始计算减法。这个聪明的小男孩，很快就攻克了10以内的加减法。后来，他又开始用计算器玩起了乘法，每天还和妈妈很兴奋地讨论一些简单

扫一扫，听语音！

的乘法题，他很喜欢用计算器来验证自己做得是否正确。

敏感期解读

5~6岁是儿童从具体形象思维到抽象逻辑思维的一个过渡期，此时，孩子们开始对数字感兴趣，他们在幼儿园的时候也开始了数字的学习，生活中的他们也已经开始意识到数字所表现的意义以及数字之间的大小关系。儿童"数概念"主要包括"基数"概念（数集的绝对大小）和"序数"概念（数的先后顺序）。序数概念的萌芽略晚于基数概念，5岁左右的时候，序数概念会有显著的发展。

耐心地坚持与等待

儿童数概念的发展可以说是一个渐进的过程，而这种发展过程必须依赖于儿童的具体生活经验。并且儿童数概念的形成是一个从具体到抽象的过程，也就是说，孩子开始可能不明白1+1这种抽象的数字是什么意思，但是如果用具体的事物来讲解的话，孩子就会明白这些数字代表的意思了。这就是为什么在孩子们刚刚开始学习数学的时候，会用一些实物的图画来进行引导。

静静在学前班开始学习数学，可是她在做数学题的时候，对10以内的加减法总不能完全算对。后来，讲到了10以上的加减法，她就更加糊涂了，学前班讲竖式的时候，她也总是忘记写竖式上的加号。妈妈反复带她练习，她也只能取得一点点的进步。妈妈一开始还能耐心

地讲解，可时间一长，就忍不住要吼几声，静静就会吓得大哭。静静的爸爸是一个理科高手，这个时候他就会给静静讲解，可是爸爸的方式就是用语言来讲，既没有实物，也不在纸上写，静静哪里听得懂。后来妈妈会用实物摆上，然后进行讲解，静静才明白一些。到了小学一年级之后，静静的数学取得了明显的进步，也彻底明白了退位和进位的道理。

数学涉及的是逻辑思维，按照皮亚杰的理论，儿童在7岁以后逻辑思维能力才会增强，在这之前，也就是在五六岁的时候，一般的孩子只是处在逻辑思维的萌芽状态，所以，即使强求练习，效果也不会有多明显。此时需要家长的耐心等待了，等待孩子慢慢地成长。千万不要看到别的孩子能把题算对，就想为什么我的孩子就不能？要知道，每个人都是不同的，家长要保持一种接纳的心态，每天为孩子设定好适合逻辑思维的发展环境，然后耐心等待孩子的成长就可以了。有时我们觉得孩子的成长很慢，可是当我们度过那个阶段之后，回过头来就会发现，孩子竟然这么快就长大了。有时家长还会后悔，为什么没有让孩子更好地享受童年的那份纯真和快乐。

家庭数学小游戏

孩子从5岁开始，抽象逻辑思维有了初步的发展，但这个时候，很大程度上仍然表现为具体性，而游戏又是孩子非常喜欢的形式，所以我们可以在家里和孩子玩一些数学小游戏，来促进孩子逻辑思维的

发展。

1. 有趣的测量游戏

家长和孩子一起来量一量桌子的长短、高矮，可以用铅笔，也可以用尺子，例如，我们看看桌子的这条边有几把尺子这么长，接着再量一量桌子的高度有几把尺子那么高，然后把阿拉伯数字写在纸上。之后再对比一下，家长和孩子测量的结果是否一样。

2. 超市游戏

我和孩子们曾多次玩过这个游戏。孩子们来到我家后，我们先布置小超市，就是选择一些商品。这个时候，家里的杯子、手绢、书本等全都可以派上用场。然后是做价签，给商品定价。接下来就是"做钱"了，我们把纸裁成一定的尺寸大小，上面写上数字和单位，可以有元、角等。之后，有人扮演售货员，有人扮演顾客。孩子们拿着自己做的钱，到超市来购物，还可以进行讨价还价，付钱找钱。这个过程中，孩子们既可以感受数字的大小关系，也可以进行简单的运算。

3. 形状归类游戏

可以购置各种形状的积木，包括三角形、长方形、正方形、圆形等，然后一个人出口令，其他人行动。如一个人说"三角形"，其他人同时快速地把三角形都放到自己的地盘，看哪个人抢到的三角形多。

33. 自然敏感期：5~6岁

大自然是孩子的亲密伙伴

一次，翻看朋友的朋友圈，他6岁儿子的一张挖沙的照片吸引了我的目光。只见那个小家伙和几个小伙伴正在疯狂地挖沙，他们满头大汗，小脸蛋红红的，眼睛里冒出的光是那么快乐、兴奋，甚至有些"疯狂"。朋友笑着和我说："哎呀，一到海滩，孩子就玩疯啦，玩了好长时间都不肯回来呢！"

扫一扫，听语音！

带孩子们去文化旅行的时候，我发现，孩子们对自然的敏锐性真是与生俱来的。在草原徒步时，他们更乐意与去追赶那些羊群，更喜欢去欣赏那奔腾的骏马；在沙漠徒步时，他们更喜爱动手挖沙找水源的环节；在露营时，男孩子会自己捉许多蚂蚱放到一个瓶子里不断观察；在黄河小浪底，他们在船上会因为一些浪花而兴奋不已，会对一棵没见过的植物展开讨论，会兴致盎然地去观察大厅中燕子的窝……

敏感期解读

人类从来不能脱离和大自然的联系，儿童能够很自然地感受生命，能与大自然亲近。他们喜欢去探索各种生命，他们会对落叶、小草、昆虫等都表现出浓厚的兴趣。

5~6岁是孩子的自然敏感期，孩子们会显现出了解其他生命的迫切愿望，所以，他们喜欢到大自然中尽情玩耍，喜欢去水里嬉戏，喜欢去认识各种植物和动物。从中来了解及探索生命的奥秘。

在孩子3岁以前，孩子最关心的是自己，随着孩子年龄的增长，他们希望有更亲密的伙伴，也希望能够有爱心的付出。他们希望对动植物付出自己的爱，让自己显得更加强大。

现在我们的生活中拥有许多电子产品，很多孩子在吃饭的时候都捧着iPad看动画片或者玩游戏。如果孩子在自然敏感期，家长不鼓励和支持孩子去接触大自然，在大自然中尽情探索和玩耍，那有些孩子就会缺乏探索大自然的兴趣，转而喜欢室内活动或者沉迷于电子产品。理查德·洛夫称这种情况叫作"自然缺失症"。如果孩子缺乏在大自然中活动，将会有肥胖及各种心理问题产生，如抑郁、孤独、多动、愤怒等。

多带孩子去大自然观看日出、日落，观察风起云涌，感受动植物的奇妙，这些都可以丰盈孩子的内心，让他们得到更多的经验和感受，从而增加他们的大自然生存经验，提升心理满足感。

和孩子一起在大自然中嬉戏

现在，假期旅游已经是每个家庭的必修课了。其实，旅游不在乎路途的远近，只要我们能够在大自然之中，设置一些有趣的自然游戏，那么即使是家旁边的小公园，一样可以和孩子很好地感受自然的魅力，感受解读自然密码的成就感。下面介绍几个适合家庭及小团队进行的自然游戏。

1. 毛毛虫

几个人排成一队，大家都把眼睛蒙上，后面的人扶住前面人的肩膀或者腰。有一个人作为向导，领着这队人前行。向导不蒙上眼睛，负责大家的安全。毛毛虫行走的道路可以选择铺满树叶的道路，可以是松软的土地，也可以是有些小坡的坡地，以及阳光和树荫交织的地方。向导一边引导着大家走，一边问问孩子脚底是什么感觉，皮肤是什么感觉等。

走到目的地之后，让大家摘掉眼罩，先不要看走过的路，先说说自己感觉走了什么样的地方。比如，是否感觉到了土地的松软，是否感觉到了阳光的照耀，然后再领大家重新走一遍，让大家感受平时睁着眼睛所感觉不到的体验。

这个游戏非常有利于孩子专注性及大自然敏锐性的培养。

2. 躺下来，换个角度去观察

平时，我们都是站着或者坐着去观察世界。有些时候，我们可以

带着孩子，找一片空旷的草地躺下来，一起看扑面而来的云朵、悬于空中的树冠，然后和孩子一起讨论一下，云像什么，大树像什么。不同的角度，必定带来不同的感受，告诉孩子：任何事物用不同角度去观察，都会带给自己意想不到的惊喜。

3. 巧用APP（不必为不知道植物或者动物的名字而害羞）

在手机上下载一个辨识植物的软件，遇到了就打开软件查一查。操作非常简单，就是对着植物扫一扫，就可以知道结果。里面还会有对植物的简要介绍，家长可以一边欣赏该植物，一边把它的相关属性讲给孩子听。

很多家长都不是自然学者，自然对许多动物和植物的名字不清楚。这时，家长完全不需要为这些感到难为情，因为就像人的名字一样，动植物的名字也只是一个符号而已。用上APP，家长可以更轻松地和孩子一起学习大自然的知识，一起细细观察，一起感受大自然的美好。

4. 角色扮演

这个游戏可是绝对的经典游戏，我所有的学生都非常喜欢玩。我们在草原文化行的时候，带队老师告诉孩子们如何区分公羊和母羊。公羊跑起来尾巴是前后摆，母羊跑起来尾巴是左右摆。向导用了一个非常形象的比喻，就好像公羊边跑边招手说："来呀，来呀，来呀！"母羊边跑边摇手拒绝："不去，不去，不去！"说到这里，孩子们都哈哈大笑。我说："咱们谁来演演公羊和母羊？"孩子们争先

恐后地举手，然后在草原上演了一出非常精彩的角色扮演。家长在领孩子们在大自然游玩的时候，对于孩子感兴趣的一些动物和植物也可以来一场即兴的角色扮演，顺便把一些动、植物的知识点融入其中，这样孩子在快乐中也进行了知识的学习。

5. 说说你看到的

为了锻炼孩子的口语表达能力，家长可以和孩子玩这个游戏。例如，看到一只小鸟飞翔，和孩子说说小鸟是怎么飞的，想象它遇到了什么事情，可以和孩子一起编一段小童话。下大雨了，可以和孩子一起说说这大自然的变化情况，按照时间顺序描述一下下雨前、中、后的情景。当然，还可以再用上一些好词好句、经典诗词等，当然，这是要考验家长的文学功底的，平时需要家长做好功课哦。

6. 听音

什么都不做，就是静静地走路或者坐着，或者躺着，一起倾听大自然的声音。家长可以让孩子把双手举起来，握成拳头，每听到一个声音就举起一根手指，最后，看看举起几根手指，都听到了什么声音，如几种鸟声、虫鸣、叶片浮动的声音、风儿轻吹的声音等。

7. 打开五感

五感包含视觉、听觉、触觉、味觉和嗅觉。孩子的感官非常敏锐，家长应该经常带孩子在大自然中打开五感，感受自然之美。大自然中有许多宝物，如丰富的负氧离子、树木挥发出的芬多精、森林中的绿视率等，在大自然中畅游，也有利于孩子们强健体魄。

　　周末，找个时间，家长领着孩子在大自然中漫步，一起抚摸树干，一起远眺，一起闻嗅树叶的芬芳，一起倾听风声、叶动、鸟鸣、虫吟，一起品尝山里的水果，还可以找一个安静的地方，在温暖的阳光下，在大自然的芬芳之中，拿出准备好的橡皮泥，及山路上捡来的果实和野花，开始进行创意手工。鲜花在青草间绽放，潺潺的流水声及鸟鸣就在耳畔荡漾，相信此时，家长和孩子都会收获到无比的幸福。

参考文献

[1]陈帼梅，冯晓霞，庞丽娟.学前儿童发展心理学[M].北京：北京师
　范大学出版社，2013.

[2]曹贤文.敏感期、语言学能和最终二语习得状态[J].外语教学与研究
　（外国语文双月刊），2015（3）.

[3]章璐，陶志琼.2~3岁幼儿自我中心化与去自我中心化行为表现的个
　案分析[J].宁波大学学报：教育科学版，2016，38（1）.

[4]陈元芬.早期家庭教育中幼儿语言能力和阅读习惯的培养[D].贵阳：
　贵州师范大学，2014.

[5]陈英和.认知发展心理学[M].北京：北京师范大学出版社，2013.

后 记

　　了解了孩子成长敏感期的相关知识，有利于家长以更好的心态来接纳成长过程中孩子的各种表现，家长们会改变焦虑的状态，以更加轻松的姿态来陪伴孩子的成长。然而，有的家长会问，书中提到的敏感期对应的时间已经过了，该怎么办？孩子在敏感期丢失的一些能力发展还能补救吗？其实，作为家长，没有必要纠结过去错失的机会，只要珍惜当下，关注孩子的成长，为孩子的成长提供良好的空间，孩子的能力仍然会得到较好地发展。

　　1. 量力而行，找回失去的敏感期

　　说到这里，我先给大家介绍一下复原力这个名词。复原力，是指调节不安情绪和帮助个体适应新情况的一系列机能的能力。人天生具有复原力，复原力能够使人在面临压力和困难时，仍然有能力恢复正常功能，投入到正常的生活之中。

　　当家长发现孩子在某个敏感期没有得到充分的尊重，而导致孩子没有顺利度过时，要及早进行补救。如何补救呢？其实非常简单，那就是爱、接纳和尊重。接纳孩子的不足，尊重孩子的意愿，用爱给孩

子营造一个宽松、快乐的成长空间。在这种氛围下，孩子的复原力就会发挥作用，就会自己往好的方向发展。

在补救的过程中，家长需要按照孩子现有的情况量力而行，不要刻板地强制孩子按照自己的意志来行事，更不要逼迫孩子一定要达到自己制订的某个标准，这样不仅不利于孩子的成长，有的时候会适得其反。

2. 人无完人，多元智能的解读

多元智能理论是由美国哈佛大学教育研究院心理发展学家加德纳于1983年提出的。到目前为止，他发现了人有九种智能，包含语言智能、数理逻辑智能、空间智能、身体-运动智能、音乐智能、人际智能、内省智能、自然探索智能和存在智能（人们表现出的对生命、死亡和终极现实提出问题，并思考这些问题的倾向性）。

这九种智能在一个人的身上有的强，有的弱。所以，我们就会看到每个人都有自己的强项，也有自己的弱项，这就是所谓的"人无完人"。一个人可能他的数理逻辑智能很强，但是人际智能及语言智能比较差，那么他的表现就是理科很强，人际交往和语言表达却偏弱，即一个典型的理科宅男（女）形象。

我们的孩子也一样，有自己天生比较强的智能，也有比较弱的智能。当然，这些智能是可以在后期的教育和训练下得以发展的。我们家长需要做的就是接纳自己孩子的不足。有的家长会说，我的孩子语文不错，但是数学实在是不开窍啊！有的孩子数学不错，但是让他和

别人打个招呼却很难。了解了多元智能，我们就不需要去责怪孩子不努力或者没有专注听讲，而是认识到孩子确实在某方面的智能偏弱。

3. 尊重孩子的成长规律

有一个家长向我咨询，说想让孩子学习口才。我一问，孩子才3岁半。我告诉这位家长，这个年龄不需要学习什么兴趣班。让孩子尽情玩就好了。游戏是孩子在成长的过程中，必不可少的要素。尊重孩子的成长规律，不要揠苗助长，这是至关重要的。

在教育心理学中有一个著名的实验，"双生子爬梯实验"。美国心理学家格赛尔选择了一对48周的双胞胎，然后让哥哥每天用15分钟的时间学习爬梯子，训练了4周之后也就是在孩子52周大的时候，让弟弟也加入训练之中。哥哥和弟弟采用一样的训练强度，一开始，哥哥的爬梯水平比较好，但是练了2周之后，弟弟的水平就和哥哥的水平一样了。这说明，在孩子的身体条件还没有发育好的时候，过早地学习并不能起到领先的作用。

我们在课堂上就会发现，6岁以下的孩子，年龄不同，专注力和理解力就大为不同。小班的孩子专注力最弱，大约9分钟；中班的孩子强一些，可以达到12分钟；大班的孩子专注力最好，可以达到17分钟。所以，让3岁多的孩子规规矩矩地坐30分钟连续听课是不可能达到的。在孩子的思维模式、专注时间没有达到一定标准时，不要急于把孩子拴在各种课堂上，而是应该带孩子多进行自主游戏，让孩子自己选择喜欢的游戏，让孩子在游戏中获得身心的健康发展。

4. 用爱来培养孩子的自信心及自我效能感

自我效能感是由美国的著名心理学家班杜拉提出的，指个体对自己是否有能力完成某一行为所进行的推测与判断。与技能的强弱相比，自我效能感更加重要。拥有了自我效能感，人才能具有旺盛的斗志去战胜困难，才有强大的信心和意志来指挥自己的行动。

孩子在生活中需要自信心，而这种自信首先是从父母处得来的。当孩子充满自信时，会大胆提出自己的想法，会快乐地去面对其他人，会不断去尝试新的事物。如果孩子没有做到这些，那家长就应该审视一下，自己的教育方式是否出现了问题。

家长应该不断给孩子鼓励，告诉孩子要相信自己可以做到。并且，适当调整任务的难度，让孩子能够产生成就感，增强自信心。

本书列举了儿童在学前期阶段通常经历的33个敏感期，写此书的目的是让家长更了解孩子的成长轨迹，从而更加接纳孩子在每个时期的"独特"表现。让父母对孩子深厚的爱能营造一个温暖、宽松的成长空间，而不是爱的牢笼。由于本人的能力有限，此书也许存在一些疏漏及错误之处，还请大家指正。

教育和学习是一种终生行为，不仅孩子需要学习和成长，大人亦是如此。

沈闯

2018年11月